KB189647

발길닿는
그곳에서
부처님을
친견하리

발길 닿는 그곳에서 부처님을 친견하리

초판 1쇄 펴냄 2020년 9월 20일
초판 2쇄 펴냄 2020년 11월 5일

지은이. 《법보신문》편집부
발행인. 정지현
편집인. 박주혜

대표. 남배현
기획. 모지희
편집. 서영주, 신아름
디자인. 이선희
마케팅. 조동규, 김관영, 조용, 김지현
구입문의. 불교전문서점(www.jbbook.co.kr) 02-2031-2070~1

펴낸곳. (주)조계종출판사
서울 종로구 삼봉로 81 두산위브파빌리온 232호
전화 02-720-6107~9 | 팩스 02-733-6708
출판등록 제2007-000078호(2007. 04. 27.)

ⓒ 《법보신문》편집부, 2020

ISBN 979-11-5580-143-7 03220

이 도서의 국립중앙도서관 출판예정도서목록(CIP)은 서지정보유통지원시스템 홈페이지
(http://seoji.nl.go.kr)와 국가자료종합목록 구축시스템(http://kolis-net.nl.go.kr)에서 이용하실 수
있습니다.(CIP제어번호 : CIP2020038820)

발길닿는 그곳에서

부처님을 친견하리

대한불교조계종
제7회 신행 수기 공모 당선작

*
*
*

공동체를 행복으로 물들이는
살아 있는 경전

우리는 지금 코로나19라는 전염병과 동행하며 그동안 겪어 보지 못했던 시대를 살고 있습니다. 코로나19는 불특정 다수의 생명을 위협하는 것은 물론, 그동안 당연하게 여겨 왔던 모든 것을 변하게 하고 있습니다.

이에 불교계는 그 어느 곳보다 빠르게 선제적 조치를 단행해 사회·국가적 예방 노력에 동참해 왔습니다. 부처님오신날 법요식을 연기해 윤4월 초파일에 봉행하고, 불교계 최대 축제인 연등회를 전격 취소한 것도 그 일환이었습니다. 불자님들의 동체대비(同體大悲) 원력이 있었기에 이처럼 쉽지 않은 결정이 가능했음에도, 아쉬움이 남지 않을 수 없었던 것이 사실입니다.

그러나 올해로 제7회를 맞이하는 대한불교조계종 신행 수기 공모전에서 입상한 신행 수기들은 한결같이 불자님들의 신심과 원력이 전염병 앞에서 더욱더 단단해지고 커졌다는 것을 실감하게 하면서 동시에 그동안의 아쉬움을 모두 잊을 수 있게 했습니다.

불자님들은 가정에서 신행 활동을 이어가며 신심을 다졌고, 그 신심을 신행 수기로 발현하는 지혜를 보여 주었습니다. 불자로 살아온 삶을 담담하게 풀어낸 신행 수기는 말 그대로 참다운 불자의 모범적인 상을 제시하는 것이었습니다. 이뿐 아니라 자신은 물론 이웃과 사회의 고통을 향한 자비심이 깃든 발원문들 역시 우리가 살아가는 공동체를 행복으로 물들이는 진심 어린 마음의 기도였습니다. 무엇보다 신행 수기와 발원문에는 과거에 얽매이지도 않고, 미래에 불안해하지도 않으며 오로지 현재를 살아가는 불자님들의 모습이 가득했습니다.

육조 혜능 스님은 《육조단경》에서 "지나간 일을 생각하지 말고, 항상 지금 여기에서 자기의 일을 생각하라"고 하셨고, 임제 스님은 《임제록》에서 "바로 지금, 여기일 뿐 다른 더 좋은 시절은 없다"고 하셨습니다. 그리고 이보다 앞서 부처님께서는 《중아함경》 말씀에서 "과거를 좇지 말고 아직 오지 않은 미래를 염려하지 말라. 과거는 이미 지나갔고 미래는 아직 오지 않은 것, 오로지 현재 일어난 것들을 관찰하라. 어떤 것에도 흔들리지 말고 그것을 추구하고 실천하라"고 고구정녕 일러 주셨습니다.

신행 수기는 바로 부처님과 옛 조사 스님들께서 "현재를 살라"고 일러 주신 가르침을 실천하는 불자님들의 모습을 그대로 보여 주고 있기에, 살아 있는 경전이요 가르침이라고 할 수 있습니다.
불자로서 삶이 농축된 글들은 이 세상이 중중무진의 인드라망으
로 연결돼 있음을 실감하고, 또한 나와 남이 결코 따로 분리돼 존
재할 수 없는 연기적 관계임을 새삼 깨닫게 합니다.

　오늘날과 같이 어려운 시기에 신행 수기를 통해 신심을 다지고
새롭게 발심하는 계기를 만들어, 우리가 함께 살아가는 공동체를
아름답게 일구는 신행 활동을 펼쳐 나가시길 바랍니다.

원행(대한불교조계종 총무원장)

진흙에 더럽혀지지 않는 연꽃처럼
혹은 무소의 뿔처럼

요즘은 코로나19로 기쁨보다는 슬픔이 많은 날들입니다. 그러나 행복과 기쁨으로 염화미소를 짓고 있는 수상자 여러분의 얼굴을 보니 저 역시 무한한 행복을 느낍니다. 오늘 이 자리에서 여러분을 보면서 오랜만에 환한 미소를 지어 봅니다. 불교의 미래가 이렇게 화사하게 빛나고 있다는 사실이 벅찬 감동으로 다가옵니다.

이 자리의 환희로움이 저에게까지 고스란히 전해지는 것은, 여러분들이 꽃과 같기 때문입니다. 겨울의 모진 고난 속에서도 굴하지 않고 봄에 반드시 싹을 틔워 진한 향기를 전하는 꽃처럼, 여러분의 삶 또한 시련을 딛고 일어나 그윽한 법향으로 오늘 이 자리를 향기롭게 하고 있습니다.

꽃은 가장 시렸던 겨울의 한복판에서도 꽃봉오리에 대한 믿음을 버리지 않습니다. 얼어붙은 땅이 뿌리를 옥죄고, 차가운 바람이 줄기를 세차게 흔들어도 실망하지 않습니다. 밤새 내린 눈이 온 세상의 무게를 담아낸 듯 무겁게 짓눌러 와도 좌절하지 않습니다. 봄이 오면 소중하게 품고 있는 꽃봉오리가 마침내 활짝 피어나게 될 거라는 사실을 잊지 않기에 그렇습니다.

수상자 여러분이 꾹꾹 눌러쓴 글에서 우리는 개인의 체험보다는 불법이라는 고귀한 가르침을 만납니다. 거기에는 오로지 부처님만을 믿고 그 가르침에 의지해 우직하게 걸어가는 참된 불자의 모습이 알알이 박혀 있습니다. 아무것도 보이지 않는 암흑 속에서, 저 멀리 보이는 불법의 가느다란 빛줄기를 향해 손을 뻗는 여러분의 모습이 눈앞에 그려집니다.

그래서 신행 수기는 그 자체로 개인의 체험을 넘어서, 불자들이 앞으로 가야 할 미래이며 또한 참된 불교의 길에 들어서는 지름길입니다. 가피는 부처님께서 그냥 내려 주는 것이 아닙니다. 간절한 기도와 끝없는 인내와 시련에 굴하지 않는 용맹정진 속에서 스스로 길어 올리는 것입니다.

소리에 놀라지 않는 사자처럼
그물에 걸리지 않는 바람처럼
진흙에 더럽혀지지 않는 연꽃처럼
무소의 뿔처럼 혼자서 가라!

발길 닿는 그곳에서 부처님을 친견하리

《수타니파타》에 나오는 말씀입니다. 수상자 여러분의 삶이 이와 같습니다. 모진 시련과 고통에도 결코 굴하지 않고 오로지 부처님을 믿고 의지하며 앞으로 나아간 여러분의 삶은 진흙에 더럽혀지지 않는 연꽃이며 무소의 뿔이었습니다.

세상에는 아직도 참다운 불법을 만나지 못해 고통 받는 사람들이 많습니다. 여러분 삶의 향기가 이들을 부처님의 품 안으로 이끌고 나아가 참다운 불자로 거듭나게 하는 등불이 될 것입니다. 이제 여러분 각자의 이야기를 세상에 향기로 전하도록 합시다. 여러분의 이야기가 보다 많은 이들에게 알려져 신심과 가피의 참된 의미가 이 땅에 그득히 들어서게 되기를 발원합니다.

이 자리를 준비해 주신 《법보신문》과 불교방송 관계자 여러분의 노고에도 깊은 감사의 말씀을 전합니다.

이기홍 (대한불교조계종 중앙신도회장)

마음과 몸으로 배우고 익히는
참된 신행의 현장

화 안 내는 그 얼굴이 참다운 공양구요(面上無瞋供養構)
부드러운 말 한마디가 미묘한 향이로다(口裏無瞋吐妙香)
깨끗해 티가 없는 진실한 그 마음이(心裏無瞋是珍寶)
언제나 한결같은 부처님의 마음일세(無染無垢是眞常)

　중국 당나라 때 무착 스님이 오대산에서 문수보살을 친견하고 들었다는 〈문수동자게(文殊童子偈)〉입니다. 아주 유명해서 불자라면 모르는 사람은 아마 없지 않을까 합니다. 올해로 7회째를 맞이한 조계종 신행 수기 공모에 출품된 글들을 보며 문득 이 게송이 떠올랐습니다.
　우리의 삶은 탐욕과 분노와 어리석음이라는 세 가지 독소로 가득 차 있습니다. 매일의 삶이 그렇습니다. 단 하루도 화 안 내고 티가 없이 맑은 마음으로 살고 있는 사람이 몇이나 될까요? 부처님의 가르침을 따르는 불자라도 마찬가지입니다. 그래서 부처님의 모든 가르침의 귀결점은 결국 탐진치(貪瞋痴)라는 삼독(三毒)을 완전히 제거하는 데 있습니다. 그러나 삼독을 완벽하게 제거할 수는 있는 걸까요? 세상을 살다 보면 화날 일이 많습니다. 다들 욕심껏 사는데 나만 욕심을 버리면 낙오자가 되거나 패배자가 되기 쉽습니다. 결국 그래서 우리가 티가 없는 진실한 마음을 지니기도 힘들고 결과적으로 한결같은 부처님의 마음은 우리에게는 당치도 않은 일이 되기 쉽습니다.

신행 수기에 당선된 글들은 불자로 살기 어려운 세상에 많은 사람들에게 큰 용기와 위안을 줍니다. 평범한 불자들이 어떻게 수행하고 정진하고 또한 기도하며 신실한 불자의 길을 가고 있는지 잘 보여 주기 때문입니다. 아는 것에서 그치는 것이 아니라 조금씩 따라가 볼 용기까지도 생깁니다. 글로 또는 입으로, 모양으로만 배우는 부처님의 가르침을 떠나, 불교를 마음과 몸으로 배우고 익히고 삶 속에서 어떻게 실천하면서 깨우쳐 가는지, 참된 신행의 현장이 담겨 있기 때문입니다.

물론 이분들의 삶 또한 평범하지는 않습니다. 혹독한 시련과 고난에도 흔들림 없이 부처님의 말씀을 따라가는 모습이 놀라울 정도입니다. 감당하기 힘든 병에 걸리거나, 슬픈 일이 생기거나 혹은 능력에 버거운 포교와 보살의 길 위에서 결코 포기하지 않고 묵묵히 수행하고 기도하며 놀랄 정도의 평정심을 유지하는 것을 보면 불굴의 의지가, 말뚝 신심이 부럽기도 합니다.

사실 불자라면서도 신행을 일종의 거래로 생각하는 사람이 주변에 적잖이 있습니다. 내가 이만큼 불사에 동참했으니, 내가 이만큼 시주했으니, 내가 이만큼 기도했으니, 그러니 당연히 부처님은 나에게 선물을 줘야 한다고 생각합니다.

이런 사람에게 혹시라도 시련이 닥치면 쉽게 부처님을 원망하게 됩니다. 안 좋은 일이 생기면 열심히 절에 다니고 기도하는데 왜 이러나 하며 한탄하거나 화부터 내게 됩니다. 이 모든 것은 불교를 제대로 알지 못하고 믿음 또한 부족하기 때문입니다.

신행 수기에는 시련이 오면 오는 대로 고통이 오면 오는 대로 받아들이고 극복해 가는 과정이 마치 한 편의 영화나 드라마처럼 잘 드러나 있습니다. 세상 구석구석에서 부처님의 가르침을 배우고 실천하고 마침내 연꽃처럼 피어나는 신실한 불자의 삶은 경이롭고 어떤 대목에서는 놀라운 정진력에 전율이 느껴지기도 합니다.

특히 이번 신행 수기 공모에는 발원문 부문이 새롭게 신설되었습니다. 발원문은 서원입니다. 수행이든 신행이든 서원이 필요합니다. 서원은 앞으로 어떻게 살아가겠다는 다짐입니다. 그런 다짐이 있고 나서야 비로소 흔들리지 않는 정진력이 생기는 것입니다. 이번 발원문 당선작들은 과거 옛 스님들의 발원문이 아닌 현재를 살아가는 바로 우리들의 발원문입니다. 그래서 뜻은 깊고 발원은 더욱 절절합니다.

발길 닿는 그곳에서 부처님을 친견하리

새롭게 엮어 낸 제7회 조계종 신행 수기 당선작과 발원문이 불교에 대한 신심을 더욱 도탑게 하고 부처님의 가르침에 대한 믿음을 더욱 굳건히 해 마침내 해탈로 가는 색다른 기별이 되기를 바랍니다.

김형규 (법보신문 대표)

차례

지혜로운 사람은 어떤 일이 일어날지라도 여법하다.

즐거운 일이 생기든 괴로운 일이 생기든

그 어떤 일에도 연연하지 않는다.

_《법구경》현자품 83

봉정암

불일심 이채순

상월선원 아홉 스님의 원력으로 포근한 겨울을 보내는가 했더니 코로나19 때문에 추운 봄을 맞았습니다. 저는 충남 아산에 사는 76세 할머니 불자입니다.

올봄에 설악산 봉정암에서 회향할 일이 있었습니다. 저는 봉정암을 한 해도 거르지 않고 35년 동안 꾸준히 다녔습니다. 그런데 이제는 그것도 어렵겠다는 생각이 들어, 마지막으로 봉정암에 가서 다시 못 온다는 생각으로 회향을 하려고 했습니다. 4월 25일에 도반들과 같이 가려고 했는데, 뜻하지 않게 코로나19라는 병마가 들이닥쳤습니다. 어떻게 하나 걱정하던 중 《법보신문》에 회향을 하면 되겠다는 생각을 하고 잘 못 쓰는 글이지만 봉정암 부처님의 가피를 이야기하고자 몇 자 적어 봅니다.

35년 전 봉정암과의 첫 만남

제가 처음으로 봉정암에 찾아간 것은 1985년 7월 중순입니다. 저는 절에 가는 걸 좋아했습니다. 도반 형님들께서 설악산 봉정암에 한번 가 보자고 제안을 하셨습니다. 서울에 계시는 형님, 부산에 계시는 형님, 전국 여기저기서 여덟 명이 모여 봉정암을 처음으로 찾아갔습니다. 길은 험하고 위험해서 많이 힘들었습니다. 한참 걷다 보면 길이 막혀 다시 원점으로 돌아와 나무에 매달린 리본을 보고는 다시 걸어가기를 수차례. 등산하는 분들이 길 표시로 나무에 매달아 놓은 리본이 아니었으면 길도 못 찾을 뻔했습니다. 고생고생하면서 11시간 만에 봉정암에 도착했습니다.

봉정암은 우리나라 오대 보궁 중 두 번째 보궁이라 했습니다. 그 높은 산에 절이 있다는 사실이 너무나 감사했습니다. 봉정암에는 스님 한 분이 계셨습니다. 우리 일행을 보시고는 깜짝 놀라시면서 "어떻게 여기를 알고 찾아왔는가" 하시면서 "보살님들이 찾아온 건 처음"이라며 반가워하셨습니다. 그러고는 "여기는 양식도 없고 양초도 없어서 저녁에 불도 못 켠다" 하시며 웃으셨습니다.

다행스럽게도 우리 일행은 쌀도 양초도 반찬도 조금씩 가지고 갔습니다. 저녁을 해 먹고 양초로 불도 켰습니다. 바깥으로 나와 보니 겨울보다 더 추웠습니다. 씻으려고 물에 손을 넣으니까 손이 오그라들 것처럼 시렸습니다. 화장실은 멀고 가는 길이 캄캄절벽이었습니다.

발길 닿는 그곳에서 부처님을 친견하리

우리 일행이 저녁에 기도하려고 법당에서 준비를 하는데 비가 내리기 시작했습니다. 스님께서 "비가 오면 지붕이 샌다"고 하시면서 "겨울이 너무 추워서 기와가 동파되어 동기와로 교체해야 하는데 신도가 없어서 걱정"이라 하셨습니다. 봉정암은 세 칸짜리 집이었는데, 법당과 방 두 칸으로 이루어졌습니다. 우리가 생각해도 누가 이 힘든 곳으로 기도하러 올까 걱정이었습니다.

이튿날 아침에 힘이 들어서 기다시피 간신히 사리탑에 올라갔습니다. 사리탑에 삼배 올리고 주위를 돌아보는 순간 '아' 소리가 절로 나왔습니다. 수려한 산과 장엄하고도 묘하게 자리 잡은 바위는 모두 다 부처님 형상이요, 참으로 멋있는 법장이었습니다. 보살님 모두가 다 여기다 절하고 저기다 절하고 너무나 환희심이 나서 그대로 이 자리에서 살았으면 좋겠다 하셨습니다.

한참 만에 법당으로 내려온, 도반 형님들께서는 "이렇게 좋은 도량에 와서 기도를 할 수 있는 건 부처님 가피"라고 말씀하시면서 "어떻게 하면 기와불사를 할 수 있을까" 의논하셨습니다. 스님께 말씀드리니, "기와를 사는 게 문제가 아니라 여기까지 운반하는 게 문제"라 하시면서 아랫마을에 젊은 청년들한테 부탁하는 방법밖에 없다 하셨습니다. 한 사람이 기와 10장을 지고 올라오는데 운반비가 오만 원이라 하셨습니다.

도반 형님들과 저는 우선 있는 대로 기와 1장부터 시작해 불사를 하자고 하였습니다. 그때 제 나이가 마흔이었고 도반 형님들은 50대 후반에서 60대 초반이었습니다. 그때부터 시작한 봉정암 불사는 그런대로 진행이 되었지요.

우리 일행은 집에 돌아와 각자 있는 자리에서 재량껏 화주를 하고 광고 아닌 광고를 하고 포교도 하고 있는 힘을 다해서 봉정암 불사를 도왔습니다. 다음 해 부처님오신날 봉정암으로 가자고 약속을 하고 화주를 한다며 이리저리 돌아다녔답니다. 봉정암 다녀온 게 무슨 출세라도 한 것처럼 우쭐했으니까요.

아산에 사는, 신심 있는 노보살님께 한번 봉정암에 가자고 해 함께 모시고 올라갔다 오는 등 수도 없이 다니면서 동분서주한 보람이 있게 봉정암 불사는 순조로웠습니다. 그러다 보니 전국에서 봉정암이 명승지로 알려져서 대보살님들이 오시기 시작했고, 등산하는 분들도 많이 오셨습니다. 이렇게 소문이 나다 보니까 각 사찰에서 신도들과 스님들이 많이 오셨습니다. 공양주도 오시고 봉정암이 부자가 되었습니다. 몇 년이 지나자 기와 불사는 물론이고 원력 있는 스님들께서 오셔서 법당 불사까지 시작되었습니다.

나중에는 반찬거리가 걱정이었습니다. 저는 이 동네 저 동네 다니면서 무시래기, 나물, 참기름, 들기름, 식용유, 미역, 김 있는 대로 보시만 하신다면 받아 왔지요. 5월에도 간장을 담은 적이 있어요. 봉정암은 추워서 여름에 장을 담가도 맛이 있었으니까요. 그러다 보니 어느 원력 있는 신도께서 많이도 도와주셨고 저는 이제는 정말 보는 것만으로도 행복했습니다.

스님의 크신 원력으로 불사는 일사천리로 이루어졌습니다. 법당 점안식 때인가 봉정암에 많은 어찌나 많은 신도님들이 오셨는지, 저희는 방사가 없더라도 마루든 처마 밑이든 지낼 거처만 있으면 좋았습니다. 우리 일행 네 명이 잠잘 공간이 없어서 이리저리 다니던 중 가마솥이 보였습니다. "우리 여기서 잠깐이라도 눈을 붙여 보자"고 하며, 네 사람이 가마솥을 어찌나 꼭 끌어안고 잤던지 자고 일어나니 손과 얼굴이 숯장사가 울고 갈 정도로 까맣게 얼룩져 있었습니다. 서로 쳐다보고 얼마나 웃었던지 지금 생각하면 참으로 행복했던 추억입니다. 후원에서 설거지를 한번 시작하면 몇 시간이 지나야 끝이 났으니까요. 그래도 그 일이 얼마나 재미있었던지요. 지금은 하고 싶어도 몸이 말을 안 듣는답니다.

언젠가는 대형버스 한 대를 인솔하여 봉정암에 갔는데 집에서 사흘 동안 아파서 물도 못 먹고 갔는데 얼마나 힘이 들던지 봉정암 사리탑에 올라가서 그대로 엉엉 울었답니다. "부처님 저는 이제는 봉정암에 못 오겠습니다" 하고 누가 보든 말든 막 울었어요. 그런데 탑에서 소리가 들리는 거예요. "여기를 봐라. 내가 자장율사다. 나를 똑바로 봐라. 아직은 안 된다." 제가 "그럼 제가 언제까지 올 수 있나요" 하고 탑을 바라보니 수염이 긴 분이 아주 자애로운 모습으로 웃으셨습니다. "부처님" 하고 벌떡 일어나는 순간 형체는 온데간데없이 사라졌습니다.

내가 '힘이 들어 잘못 들었나 보다' 하고 탑에서 법당으로 내려오는데 몸에 무게가 느껴지지 않았어요. 다리도 가볍고 그다음부터 봉정암에 갈 때는 힘도 들지 않았고 제 몸도 건강해졌습니다. 봉정암 가는 일이라면 자다가도 벌떡 일어나 신도님들을 안내했지요.

그때는 봉정암을 다닌다는 이유만으로 포교도 많이 했습니다. 지금까지 그때 그 인연들이 있어 항상 즐겁게 살고 있습니다. 그때 같이 다니던 도반 형님들은 다 돌아가시고 생존해 계신다 해도 이제는 바깥출입을 못 하시죠. 잊지 못할 서울 오 보살님, 서울 신림동 박 보살님, 부산 법왕궁 보살님. 참으로 멋진 대보살님들이십니다. 그분들께 많은 걸 보고 배웠습니다.

이제는 제가 노보살이 되어 후배들한테 잘 보여야 할 텐데, 제가 너무 못나고 배움도 없고 재물도 없고 내놓을 게 하나도 없어 어른 노릇하기가 힘이 듭니다. 그래도 부처님을 좋아하는 건 예나 지금이나 똑같아서 생활의 일부가 기도하는 마음입니다. 그렇게 세월은 가고 봉정암 불사는 기적처럼 이루어져서 지금은 아주 장엄하고 멋진 법당과 요사채가 요소요소에 자리 잡고 있답니다.

얼마나 많은 스님과 사부대중이 고생을 하셨는지 처음부터 지금까지 왔다 갔다 한 저는 알고 있습니다. 그러나 이제 몇 번이나 더 갈 수 있을는지 모르겠습니다. 더 갈 수만 있다면 저의 행복이겠지요. 이렇게 맺어진 인연들과 불자 모임을 하고 있는데, 부처님 가피가 저에겐 너무 많아서 글로는 표현할 자신이 없지만 한 가지만 더 말씀드리겠습니다.

제가 천안에서 불자들을 모아 만든 모임이 있습니다. 처음에는 회원이 겨우 20명 정도였는데 지금은 100명이 넘는답니다. 처음부터 계측을 정할 때 정월에는 무조건 초삼일에 양산 통도사 새벽 예불, 다음 주에는 오대산 적멸보궁, 다음 주에는 태백 정암사, 영

발길 닿는 그곳에서 부처님을 친견하리

월 사자 법흥사, 다음 주에는 삼대 관음도량 순례를 마치기로 정했습니다. 4월 넷째 주에 봉정암에 가서 오대 보궁 삼대관음도량 기도를 회향하고 매달 넷째 주에 전국 어느 사찰이든 회원들이 원하는 곳으로 순례를 하기로 했지요. 모두 다 신심은 돈독한데 시간이 없어서 재적 사찰에 자주 못 가는 불자들입니다. 지금도 이 계획을 아주 잘 진행하고 있습니다.

무설회의 순례 가는 날

처음에 우리 '무설회'가 발족한 게 2010년 3월 넷째 주였습니다. 올해 3월 넷째 주가 만 10년이 되는 해입니다. 단합 대회를 멋있고 뜻있게 하려고 준비해 왔습니다. 그런데 회향을 못했습니다. 10년 동안 한 번도 결석을 하지 않은 불자도 몇 명 있습니다. 이만하면 상을 받을 만하지요.

2012년도였습니다. 4월 넷째 주에 봉정암을 가는데 비가 오는 거예요. 산길이라 위험하기도 하고 걱정을 하면서 출발을 했는데 우리 '무설회'가 순례 가는 날이면 매번 날이 궂은 거예요. 그래서 생각을 했답니다. 오늘은 부처님께 기도 한번 해 보자고요.

마음먹고 백담사에서 출발해서 영시암에 가서 부처님 전에 삼배 올리고 회원들한테 먼저 올라가라고 하고는 기도를 시작했습니다. 1시간 정도 간절히 부처님 전에 발원했습니다. "부처님 바라옵고 원하옵니다. 저희 무설회가 순례 가는 날이면 날이 궂어서 불편합니다. 이제부터 저는 봉정암 법당까지 한 번도 쉬지 않고 묵언하면서 올라가겠습니다" 하고 기도를 마치고 출발했습니다. 부슬부슬 오던 비가 그치고 햇볕이 났습니다. 너무나 고맙고 감사했습니다. 그렇게 봉정암 순례를 잘 다녀왔습니다. 그 다음 달부터는 순례 가는 날 비가 오지 않았습니다.

그해 9월 넷째 주에 남해 보리암 앞바다에 세존도가 있는데, 회원들이 "회장님 우리 세존도 한번 가요" 하더군요. 그래, "세존도는 가기 어려운 곳인데 한번 가 봅시다" 하고는 배를 예약하고 준비를 다 했습니다. 그런데 토요일부터 비가 오고 일요일에는 태풍이 온다고 방송에서 태풍주의보를 내리고 전국이 온통 난리가 난 거예요. 그래도 우리 무설회는 출발을 했습니다. 앞이 안 보일 정도로 장대비가 쏟아지고 바람이 불어서 나무가 쓰러질 만큼 너무나 무서운 날이었어요. 회원들이 "아무래도 오늘 세존도는 못 갈 것 같다며 차를 돌려서 딴 데로 가자"는 거예요. 중간쯤 가다가 휴게소에 들러 화장실을 갔다가 비가 너무 많이 와서 차 있는 데까지 가는 것도 망설이고 있는데, 뒤에서 회원들이 오늘 못 갈 것 같다고 그러는 거예요. 그래서 저는 뒤도 돌아보지 않고 "아녜요, 갈 수 있어요. 우리가 가면 비가 그치고 햇볕이 날 거"라고 했습니다. 그랬더니 우리가 타고 온 차 기사님이 화를 내셨어요. 무슨 햇볕이 나고 비가 그치느냐고요. 듣고 보니 맞는 말씀이에요. 그래서 저는 차로 올라와서 바로 방송을 했습니다. 목적지에 가서 방생하

발길 닿는 그곳에서 부처님을 친견하리

려고 준비하고 여기까지 왔으니, 가서 방생만 하고 차에서라도 점심을 먹고 돌아오자고요. 그랬더니 아무도 반대하지 않았습니다. 저는 기도를 시작했습니다.

'봉정암 부처님, 저 좀 도와주세요. 저를 위해서 하는 기도가 아니잖아요. 우리 무설회 회원들을 위해 하는 기도입니다' 하고 간절하게 기도를 하는데 기사님이 방송을 하시는 거예요. 10분 후면 목적지에 도착하니 준비하라고요. 벌써 1시간 30분이 지났나 하고 밖을 보니 여전히 비가 오는데 차에서 내릴 수나 있을까 걱정이 들었습니다. 그런데 목적지가 저 앞에 보이자 비가 그치고 바람도 자고 햇볕이 나는 거예요. 회원들이 "와" 하면서 자리에서 일어나더군요. 그래서 밖을 보니 정말 신기했어요.

목적지에 도착하니까 우리가 예약한 배 선장님이 나와 계셨어요. 오늘 못 간다고 말이라도 하려고 나왔는데 어쩌면 갈 수도 있겠다고 말씀하시더군요. 차에서 내려 화장실에 다녀오니까 갈 수 있다면서 배에 타라고 하셨어요. 우리가 배에 올라 자리에 앉자 배가 서서히 움직였습니다. 날이 얼마나 좋은지 마치 딴 나라에 온 것처럼 신기했습니다. 배 선장님이 말씀하시더군요. "평생을 배에서 살았는데 오늘 같은 날은 처음"이라고, 우리 보고 복이 많다며 "원래는 세존도를 한 바퀴 돌아주는데 오늘은 세 바퀴를 돌아주겠다"며 구경 많이 하라고요. 우리는 너무너무 좋아서 다 울었답니다. 사람이 너무 기뻐도 눈물이 나오잖아요. 우리는 사진도 많이 찍고 구경도 잘 했습니다. 선장님은 날이 아무리 좋아도 원래 파도가 조금씩 있는데 오늘은 파도가 하나도 없다면서 우리보다 더 좋아하셨어요.

세존도는 보는 위치에 따라 모습이 다릅니다. 어느 쪽에서 어떻게 보면 부처님 모습이고 다른 쪽에서 보면 스님이 가사수의하고 합장하시는 모습이시고 여러 모습이셨습니다. 그렇게 잘 다니고 돌아와 방생하고 점심 먹은 것까지 다 치우고 화장실 갔다 와서 차에 막 오르려 하는데 먹구름이 몰려오고 바람이 불고 비가 뚝뚝 떨어지는 거예요. 차가 출발하는 순간 앞이 안 보일 정도로 폭우가 쏟아지는데 우리는 꿈을 꾼 것도 아니고 세상에 이럴 수가 있나 하면서 부처님께 고마워했습니다.

비는 몇 시간 오다가 우리가 도착하여 모두 다 집에 들어갈 만한 시간에 다시 오기 시작해서 밤새 온 걸로 알고 있습니다. 그 뒤로 우리 무설회가 성지 순례 가는 날은 비를 맞지 않았습니다. 전국적으로 비가 오다가도 우리가 목적지에 도착하면 신기하게도 비가 그치고 순례를 다 하고 점심 먹고 차에 오르면 비가 옵니다. 그래서 우리 회원들은 비가 온다고 방송을 해도 우산을 챙기지 않는답니다. 그러면 안 된다고 회원들한테 늘 이야기하면서도 지금까지 한 달도 거르지 않고 잘 다녔습니다. 모두 부처님의 가피이지요. 그러나 앞으로는 모르는 일입니다. 10년이면 강산도 변한다 했는데 지금 만 10년이 되었습니다. 너무나 고맙고 감사한 부처님 가피이지요.

2014년 8월 8일 회원 두 명과 저하고 셋이서 봉정암을 7일 동안

발길 닿는 그곳에서 부처님을 친견하리

용맹정진 기도하러 갔습니다. 스님께 인사드리고 우리 용맹정진 기도 한번 하려고 왔다고 말씀드리고 기도를 시작했습니다. 밥 먹는 시간 빼고 열심히 탑에서 기도하다 추워지면 법당에서 하고 기도하다 졸리면 절하고 절하다 힘들면 참선하고 참선하다 졸리면 염불하고 그렇게 있는 힘을 다해서 7일 기도를 회향하고 14일 날 하산하려고 법당에 올라가 부처님께 108배 올리고 "부처님, 저 오늘 집에 가요. 기도 잘 했습니다" 하고 일어나려 하는데 신중전에서 환한 빛이 났습니다. 신장님이 한 분 나오시더니 아주 청아하고 자비로운 음성이 들려왔습니다.

"사바세계 중생들아 내 말을 잘 들어라. 기도가 따로 있는 게 아니고 일할 때 일하고 밥 먹을 때 밥 먹고 잠잘 때 잠자는 게 기도이니라."

깜짝 놀라 "부처님" 하고 자리에서 일어나는 순간 신장님은 안 보이셨습니다. 저는 순간 머리가 띵하고 약간 어지러웠습니다. 법당에서 나와 종무소에 들러 "기도 잘 하고 갑니다" 하고 인사드리고 내려오는데 7일 전 올라올 때 그 산이 아니고 온 산하 계곡이 천상이요, 극락이었습니다. 나무도 바위도 잘 가라고 손짓하는 것처럼 보였습니다. 다음에 또 만나자고 하는 것처럼 보였습니다. 모든 것은 마음에서 오는 것이라는 생각에 한 마음 돌리고 행복한 마음으로 모든 일을 대할 때 고맙고 감사하지 않은 일이 없고 소중하지 않은 게 없습니다. 모두가 귀하고 사랑스럽고 고마울 따름입니다. 이렇게 명상하면서 천천히 산을 내려와 집에 돌아와 하루하루를 즐거운 마음으로 살고 있습니다.

그렇게 세월이 가고 이제는 제가 '할머니 불자'라는 것을 겸손하게 받아들이고 할머니답게 조용히 살다가 어느 날 육신의 옷을 벗고 먼 여행을 떠나야 되겠지요.

불심이 효심, 효심이 불심

한 가지 더 말씀드리고 싶은 이야기가 있습니다. 올 4월이 윤달입니다. 제가 윤달 드는 해마다 예수재를 했습니다. 올해가 열 번째입니다. 이 예수재도 이번에 회향을 하려고 했습니다. 첫 번째 예수재를 시작한 것은 1990년 중반입니다. 해남 대흥사에서 어느 국회의원 댁에서 설판을 하였는데, 그때 돈 3,000만 원이면 아파트가 한 채에 해당하는 금액이었습니다. 아는 형님께서 구경 가자고 하셔서 같이 갔습니다. 그런데 얼마나 보기가 좋았던지 '나는 언제 저렇게 큰 재를 조상님께 지내드릴까' 생각했습니다.

3년 동안 열심히 포교를 하고 열심히 봉정암을 다니고 최선을 다했습니다. 3년 만에 윤달이 왔는데 고심을 하다가 실천에 임했습니다. 신심 깊은 노보살님 댁을 찾아뵙고 여차여차하여 예수재를 하고 싶은데 제가 돈은 없다고 사정을 말씀드렸습니다. 이렇게 한 가구당 150만 원을 정해 서른 집을 모았습니다. 그렇게 해서 공주 6교구 본사 마곡사에서 예수재를 처음 지냈는데 노보살님들

께서 얼마나 좋아하시던지······. 그다음부터는 윤달이 오면 자연
스럽게 하게 되었습니다. 예수재를 하고 나면 마음이 조상님께 큰
효도라도 한 것처럼 아주 부자가 된 것 같아 행복했습니다.

그렇게 한 번 한 번 하다 보니 이번 4월 윤달이 열 번째입니다.
이제는 회향을 하고 젊은 불자들한테 인수인계를 해야 하는데 걱
정입니다. 불심이 효심이고, 효심이 불심입니다. 불심이 있는 젊은
불자들은 효심 또한 한창입니다.

오는 5월 3일에 입재를 합니다. 코로나19 때문에 어떻게 될지
모르지만 잘 진행되었으면 하는 바람입니다. 평생을 시장통에서
장사를 하여 먹고살았는데 매일매일 바빠서 동동거리다 코로나19
때문에 3개월 동안 아주 편하고 시간이 여유로웠습니다. 책도 많
이 읽고 이렇게 못 쓰는 글도 써 보고 나름대로 우울해지지 않으
려고 최선을 다해 재미있게 보냈습니다. 방송에서 소상공인 하면
서 걱정해 주시는데 고맙고 감사합니다. 세계가 다 겪는 재해인데
우리 한국은 아주 잘 이겨내서 고맙고 감사합니다. 모두가 행복했
으면 하는 바람입니다. 고맙고 감사합니다.

이 못난 글을 한 분이라도 끝까지 읽어 주신다면 행운이 함께하
기를 기원하겠습니다.

나무석가모니불. 나무석가모니불. 나무시아본사 석가모니불.

포교원장상

기도로 이겨낸 슬픔,
기도로 일궈낸 행복

문수월 이을선

나는 원래 모태 신앙인이다. 어머니가 전남 강진에 위치한 무위사라는 절에서 8년을 기도한 끝에 나를 잉태하셨고, 그렇게 나는 세상과 인연을 맺었다. 어머니의 지극한 기도 공덕과 부처님의 가피로 이 땅에 오게 된 나. 그런데도 나는 1997년 서울 잠실에 소재한 불광사와 인연을 맺기 전까지는 어머니를 따라, 혹은 이모를 따라 초파일에만 절에 다니는 초파일 불자에 불과했다.

심지어 1990년 결혼해서는 교회 장로로 있는 외사촌 언니를 따라 교회도 나갔다. 그렇게 종교적 방황을 거듭하던 중 시간만 나면 절에 가는 시누이를 보며 "도대체 절에 가면 뭐가 있기에 저리도 열심히 갈까" 하는 의구심과 호기심도 들었다. 사실 그런 연유로 지난 1996년에 불광사를 찾았지만 그것도 그때뿐이라, 법회를 몇 번 다니다 그만두었다.

그러다 1998년 IMF로 남편이 하던 자영업이 실패하자 어딘가

기도로 이겨낸 슬픔, 기도로 일궈낸 행복

에 의지하고 싶었다. 나는 집 근처에 있는 불광사를 다시 찾았고, 불교에 귀의하기로 마음을 먹었다. 당시 나의 상황은 남편의 자영업 실패, 병환 중이신 친정아버지 병 구환 등 심리적으로, 경제적으로 너무나 힘든 시절이었다. 때마침 불광사에 다니는 큰아이 친구 엄마를 만나 "절에 다니고 싶다"고 말했다.

불광사를 인연으로 불교에 귀의

불광사에는 다른 사찰과는 다른 조직 문화가 있다. 그것은 광덕 큰스님의 제안으로 만들어진 법등, 구법회라는 신도 조직이다. 큰아이 친구 엄마는 본인이 속해 있는 구법회 법등 대표인 마하를 모시고 집을 찾아와 법등에 가입하고 바로 법등 모임을 제안했다. 법등 모임을 하면 집안이 평안하도록 기도해 준다는 말에 법등에 가입하고 우리 집에서 법등 모임도 가졌다. 법등 소속의 도반들이 우리 가정을 위해 기도해 주는 염불 소리가 큰 위안이 되었다.

그렇게 다시 찾아간 불광사. 당시 지하 보광당의 부처님을 뵙고 왠지 모를 서러움과 안도감, 위로 받고 있다는 생각에 그저 하염없이 눈물만 흘렸다. 그때 법당에서 남몰래 하염없이 쏟아낸 눈물은 지금 생각하니 종교적 방황에 대한 참회의 눈물이었다.

남편의 사업 실패 후 음식점을 차렸다. 그러나 경험도 없이 시작한 음식점은 빚만 덩그러니 남긴 채 문을 닫고 말았다. 그대로

발길 닿는 그곳에서 부처님을 친견하리

주저앉을 수 없었기에 남편과 나는 다시 취업해 열심히 일을 했다. 그러던 중 같은 구법회의 한 도반께서 같이 새벽기도를 다니자고 제안을 했다. 힘든 가운데에서도 새벽기도를 다녔다. 남편과 함께 열심히 일을 했고, 열심히 기도한 덕분에 가정형편이 나아지기 시작했다.

형편이 나아지자 나는 조금씩 나태해져 매일 다니던 새벽기도를 종종 빠지기도 했다. 그러다가 큰아이가 중학교 2학년이 되며 다시 새벽기도를 나가기 시작했다. 그리고 그 아이가 대학을 입학할 때까지 무려 6년을 하루도 빠짐없이 새벽기도를 다녔다.

남편의 사업 실패로 다시 찾은 불광사에서 나는 법등 모임 활동을 하며, 도반들과 같이 열심히 기도했다. 이제야 나에게 맞는 옷을 입었다는 마음에 신심도 생겨났다. 친정아버지가 쓰러지셨을 때도 도반들은 내 일처럼 도와주었고, 식당일을 할 때도 찾아와 기도해 주는 것이 한없이 고마웠다.

그러던 중 한 도반이 사다 준 책《메아리 없는 골짜기》라는 책을 읽고 부처님의 가르침이 너무나 궁금해졌다. 불교를 제대로 공부하고 싶었다. 그렇게 2000년부터 불광사에서 불교 기본 교육과 불교대학, 불교대학원 과정까지 이어서 공부를 했다.

불교대학 졸업 후에는 봉사를 시작했다. 불광교육원에서 불교 기초교육 및 불교대학 교육생들의 수업 뒷바라지와 함께 구립 송파구립요양보호센터에서 설거지 및 식사 수발 봉사를 했다.

그러다가 불광사 신도 기초 조직인 법등의 '마하' 소임을 맡게 되었다. 마하 소임을 맡으며 나는 "전법을 하겠다"고 서원했다. 그리고 바쁜 직장 생활로 기도 등에 제대로 참여할 수 없는 법등 식구들을 위해 백중기도, 하안거, 동안거 등 중요한 기도입재가 있으면 "왜 기도를 해야 하는지", 그리고 "무슨 기도를 해야 하는지" 등의 기도 숙제를 내어 우편 발송을 해 주었다. 또한 정초가 되면 정초기도 입재의 중요성과 기도 입재를 안내하는 우편물을 발송했다. 나아가 바쁜 일정으로 인해 일요법회에 참석하지 못하는 도반들을 위해 법회보를 우편으로 발송해 주었다. 이뿐 아니라 일요법회 날이면 빠지지 않고 법회에 먼저 나가 웃는 얼굴로 도반들을 맞이했다.

마하 소임을 수행하며 전법에 각별하게 신경을 썼다. 내가 힘들어할 당시 나를 새벽기도로 이끌어 주었던 도반처럼 나도 누군가에게 전법을 통해 부처님 법을 알려주고 싶었다. 그 도반님이 매일같이 새벽기도를 챙겨 주셔 오늘날의 문수월을 있게 만들었듯이, 나도 누군가에게 부처님 법을 공부할 수 있는 자양분이 되어야겠다고 다짐했다.

우선 우리 가족부터 전법을 시작했다. 천주교 신자로 세례까지 받은 남편을 설득해 불광사에서 기본교육을 받게 했다. 또 두 아이도 기본교육을 받고 수계도 받았다. 특히 둘째 아이는 유치원 때부터 나와 함께 같이 불광사를 같이 다닌 도반이다. 둘째 아이는 유아법회, 학생법회 회장을 지내고 학생법회 지도교사를 하다가, 군종병으로 군 생활을 마친 나의 훌륭한 도반이자 선지식이다.

발길 닿는 그곳에서 부처님을 친견하리

법등임원 소임을 마치고 구법회 총무 소임을 거쳐 명등 소임까지 맡았다. 명등 소임을 맡으며 나는 △열심히 전법하고 수행하겠다 △우리 구법회 도반들을 부처님으로 모시겠다 △하심, 또 하심하여 나로 인해 상처 받는 분이 없도록 하겠다고 발원했다.

명등 소임을 하면서 2년 동안 하루도 빠짐없이 구법회 가족들 평안을 위해 기도를 했다. 특히 다른 구법회 식구들보다 어린 나이에 구법회 수장인 명등 소임을 맡게 된 터라 욕을 먹지 않으려면 내가 먼저 솔선수범해야 했다. 힘든 일이 있는 도반이 있으면 함께 고민하며 위로하고, 해결책을 찾았다. 또 아픈 도반이 있으면 쾌유를 위해 함께 기도했다.

이런 노력 덕분에 3개 법등으로 시작된 구법회 모임은 열심히 전법을 한 덕분에 명등 소임을 회향할 당시 4개 법등으로 구법회 도반들이 늘어났다. 이런 과정에서 나는 주말과 퇴근 시간 이후를 전법과 봉사, 종교 활동에 매진했다.

처음 구법회 명등 소임을 맡을 때 나는 남편에게 말했다. "2년만 열심히 명등 소임을 할 수 있도록 도와주시면 끝난 뒤 당신을 부처님처럼 모시고 살겠다"고. 직장에서 퇴근하면 신랑과 아이들의 저녁상을 차려놓고 구법회 모임에 나가는 등 명등으로서 소임을 다하기 위해 노력했다. 다행히 남편과 아이들은 이런 나를 이해해 주었다. 이런 가운데 한 도반의 권유로 포교사 시험을 보게 되었다. 그때가 2013년이다.

망설이다가 마침 구법회 명등 소임도 끝나가는 터라 더 넓은 곳에서 전법을 해야겠다는 마음으로 두 달 정도 남겨두고, 포교사 시험을 준비했다. 직장에서 퇴근하고 집에 오면 정말 열심히 공부했다. 두어 달이라는 짧은 시간 동안 혼자 공부해서 합격하리라는 생각은 하지 않았다. 그러나 불교대학에서 교육 봉사를 한 것이 도움이 되었는지 2013년 포교사 시험에 합격했다.

6개월 동안 포교사 연수 후 품수를 받아서 군 법당으로 포교 활동을 다녔다. 주말이면 전날 군 장병들 간식 준비와 법문 준비를 했다. 이른 새벽에 일어나 남편과 아이들이 먹을 아침밥을 준비해 놓고 그렇게 군 법당을 나가야 했다. 몸은 천근만근 무거웠지만 마음은 오히려 즐겁고 가벼웠다.

이런 나를 두고 친정 남동생은 이모 스님에게 "우리 누나는 절에 미쳐 있다"고 볼멘소리를 하곤 했다. 그러나 그때마다 이모 스님은 "그래! 미쳐야 공부를 제대로 할 수 있다. 우리 문수월은 잘하고 있구나"라며 격려해 주셨다.

그러나 오늘이 있기까지 과정에서 모두 장미꽃을 뿌려 놓은 꽃길만이 있었던 것은 아니었다.

IMF로 진 빚도 조금씩 갚아가고, 가정생활도 안정이 되어 가고 모든 것이 순탄하게 이어지던 2013년 11월 22일, 남편과 건강검진을 함께 받게 되었다. 건강검진에서 남편은 폐 조직의 이상이 발견되어 재검사를 받았고, '폐암 3기'라는 청천벽력과도 같은 검사 결과를 통보 받았다.

그러나 부처님이 계시기에 나는 절망하지 않았다, 남편을 기어

발길 닿는 그곳에서 부처님을 친견하리

코 건강한 사람으로 되돌려 놓겠다는 다짐을 했다. 부처님에 대한 강한 믿음이 있었기에 죽을힘을 다해 기도하면 암을 극복하리라 믿었다. 그러나 현실은 그렇게 녹록하지만은 않았다. 투병 기간 동안 응급실에 수없이 실려 가고, 중환자실에 들어가 위험한 고비도 여러 번 반복해 넘겼다.

나는 낮에는 직장에 나가고, 저녁에는 퇴근해서 병원에서 간호하면서도 매일 새벽 병원 법당에 가서 부처님께 기도했다. 그러나 남편의 병세는 점점 악화되어 갔다. 그리고 스님의 임종법문을 듣고 병원에 다시 입원한 지 5일 만에 가족들 기도 소리를 들으며 부처님 곁으로 돌아갔다. 부처님으로 모시고 살겠다는 약속을 채 지키기도 전에 허망하게 떠나갔다. 울지 말고 남편을 보내드리자고 다짐을 했건만 눈물은 속절없이 흐르고, 무슨 정신으로 장례식을 치렀는지 기억조차 없다. 그렇게 황망하게 남편을 보냈다. 남편과 함께했던 모든 일상에서 벗어나 이제 그 무게를 오롯이 나 혼자 떠안은 순간 난 아무것도 할 수가 없었다.

숨을 쉴 수조차 없을 정도로 고통스러운 나날이 계속되었다. 곡기(穀氣)는커녕 물 한 모금조차 넘길 수 없었다. 심지어 매일 남편을 따라가고 싶은 생각이 나를 흔들었다.

그러나 "내가 흔들리고 주저앉는다면 내 아들들은 어찌 살아갈까"라는 생각에 정신이 번쩍 들었다. 그리고 생각했다. 나는 지금 이 순간 무엇을 두려워하고 있는가? 왜 나에게 이런 시련이 왔는가? 수없이 반문하면서 나를 돌아보며 참회했다. 그리고 내가 살

기도로 이겨낸 슬픔, 기도로 일궈낸 행복

기 위해 택한 것이 명상이었다. 명상을 하면서 나 자신을 바라보며 힘들어하는 나를 달랠 수 있었다.

남편을 떠나보내고 나 혼자 직장생활을 하며 받는 월급만으로는 두 아들의 학업 뒷바라지를 할 수가 없어 다시 식당을 운영하게 되었다. 그러나 세상일은 그리 녹록하지 않았다. 식당 운영은 내 뜻대로 되지 않았다. 그 힘든 시절은 말로 형언할 수 없었다.

더구나 편찮으신 친정어머니까지 모시고 있는 상황이라 정말 여러모로 힘들었다. 새벽에 일어나 친정어머니가 드실 음식을 준비해 식사를 챙겨드리고, 몸을 씻겨드려야 했다. 그러고 나서 시장을 봐 가게 영업을 했다. 그런 와중에서도 나는 한 달에 두 번 가게 영업을 쉬고 군 장병들 먹을 간식을 준비해서 군법당으로 군포교를 하러 다녔다. 토요일 저녁 가게 영업이 끝나면 간식 재료를 사 와 간식 장만과 법문 준비를 했다. 일요일 아침 새벽에 일어나 친정어머니 아침 식사를 챙겨드리며 "우리 엄마 절대 아프지 마시라고 기도하러 다녀올게요"라고 말씀드린 후 군법당으로 향했다.

간식도 내 아들들 먹인다는 마음으로 매번 정성스레 재료를 준비해 가서 만들어 주었다. 비록 힘든 상황이었지만 말할 수 없는 희열과 환희심을 느낀 시절이었다. 그렇게 힘든 가운데에서도 나는 매일 아침 잊지 않고 부처님께 기도를 했다.

어렵게 끌어 가던 식당 경영은 개업 2년 만에 결국 보증금, 권리금 등 모두 다 날리고 폐업을 했다. 내가 이렇게 굽이굽이 굴곡

발길 닿는 그곳에서 부처님을 친견하리

진 힘든 고개를 넘을 때마다 내 곁에는 늘 부처님의 가르침과 도반들의 따뜻한 위로가 있었다. 그래서 나는 부처님과 도반님들께 은혜 갚기 위해서 힘들어도 오뚝이처럼 열심히 살아야 했다.

다시 태어나도 부처님 법 안에서

큰 고난 앞에서도 무너지지 않고, 흔들리지 않고 불자의 길을 갈 수 있었던 것은 부처님의 가르침과 기도의 끈을 놓지 않은 신심(信心) 때문이었다.

남편을 떠나보낸 그 아픔은 나 자신을 내려놓게 했고, 겸손하게 했으며, 감사하는 마음을 갖게 했다. 또 부정을 긍정으로 바꾸는 원동력이 되었다. 부처님께 기도를 올리며 지나온 나의 삶을 반추하며 참회도 하게 되었다. 명상을 하면서 나 자신도 돌아보고, 힘들어하는 나 자신을 관(觀)할 수 있었다.

나에게 주어진 이 시련도 내 삶에서 이유가 있는 시련이라고 생각했다. 굴곡진 인생길에서 만난 그 고통도 어쩌면 내 안의 보리(菩提)의 씨앗을 피우기 위함이라고 생각했다. 모든 것을 다 잃고 나서야 나는 무엇이 소중한지를 알았다.

나에게 신심의 씨앗을 심어 주고 싹을 틔워 주며 새벽기도를 이끌었던 도반 덕분에 오늘의 불자 문수월이 있듯이 나도 누군가의 가슴에 신심의 씨앗을 심어 주고 싹을 틔울 수 있도록 자양분이

기도로 이겨낸 슬픔, 기도로 일궈낸 행복

되겠다는 다짐을 다시금 되새겼다. 매일 기도, 사경, 염불, 금강경 독송 등의 숙제를 내주시며 내 손을 잡아 주고, 내 가슴에 불심의 씨앗을 심어 주신 그 도반님처럼 말이다.

지금도 그 도반님의 말씀이 귀에 쟁쟁하다. "네가 힘들어할 때 내가 네 손을 잡아 주었듯이, 너도 누군가가 힘들 때 그 손을 잡아 부처님께 이끌어 주라"던 그 말씀이.

그리고 포교라는 것도 내 스스로가 바른 행을 하고, 바르게 살면 저절로 된다는 생각으로 부처님 법을 믿고, 그 믿음으로 내가 즐거워야 행복하고 즐거운 마음으로 전법과 포교를 할 수 있노라고 늘 다짐한다.

나는 매일 기도할 때 늘 서원한다. 우리 가족 모두가 부처님 법 안에서 살다 죽겠다고. 그리고 다시 태어나도 부처님 제자로 부처님의 법 안에서 생활하고 싶다고. 건강이 허락하는 한 포교도 하고 전법도 하면서 이제 참 나를 찾고 싶다.

사람 몸을 받고 부처님 법을 배우고 있는 지금의 내가 너무나 행복하다. 비록 시련이 있었지만 부처님을 향한 기도로 이겨낼 수 있었기에 다음 생에도 부처님의 제자로 태어나고 싶다.

중앙신도회장상

작은 이들의 큰 연화심

지족 이경남

이상한 일이었다. 아버님을 운구차에 모시고 벽제 승화원으로 가면서 미약하게 스님의 독경 소리가 귀에서 맴돌았다. 장례 운구 차량이라 일부러 독경을 들려주나 싶어 주위를 둘러보고 여쭤봐도 그러한 일은 없었다. 그 소리는 화장을 마치고 납골당에 안치하러 가기까지 귓가를 맴돌았다.

일찍이 어머니께서 절과 인연을 두어 어릴 적 아무런 영문도 모른 채 소풍 삼아 놀러 가는 느낌으로 절에 가곤 하였다. 사실 불교가 뭔지도 모르면서 그저 일 년에 두어 번 큰 행사 시에만 사찰에 가는 정도로 만족하였다.

그래도 어머니를 따라 절에 가게 되면 사찰이 주는 분위기와 바람에 부딪혀 잔잔하게 들리는 풍경 소리 등에 어린 마음에도 편안함을 느끼곤 했던 것 같다. 그러나 아버님 사업의 실패로 인해 경제적 사정이 약화되면서 차츰 절에 가는 횟수도 자연히 멀어지게

발길 닿는 그곳에서 부처님을 친견하리

되었다.

받아들이기 싫었던 나의 장애

뇌병변 장애인. 사실 나는 뇌병변 장애인이다. 출생 시 난산으로 인해 머리에 압력을 받아 장애를 가지게 되었다. 장애를 지닌 자식을 둔 어머니의 안타까운 마음은 부처님께 올리는 기도로 조금이나마 위안 받아 왔는데, 집안 사정이 어려워지자 사찰에 가는 날도 자연히 적어지고 절에 가지 못하는 죄스러움이 늘 어머님 가슴에 깊은 옹이로 남겨지게 되었다.

어렸을 적에는 오히려 장애에 대한 의식 없이 커 왔다. 하지만 성인이 되고 나이가 들면서 할 수 있는 일을 찾기 시작하자 부딪치는 모든 상황에서 갈등이 불거졌다. 당시 장애인에 대한 인식은 지금과는 너무도 달라, 좋지 않은 편견이 많이 있던 시대였다. 움직이면 움직일수록 결과는 큰 상처가 되어 가슴속에 옹이가 되어 쌓여 갔다.

마음은 점점 무거워지고 힘들어지면서 문득 어렸을 때 절에서 느꼈던 그 안온한 감정이 그리워 사찰을 찾았다. 하지만 당시에는 장애에 대한 일반적인 편의 시설이 전혀 없는 상태로 대중교통을 이용해 한 번 사찰에 가는 데에도 큰 용기를 내어야 할 만큼 사정이 여의치 않았다. 당시에는 지금과 같이 정보 매체도 전혀 활용할 수 없었기에 그저 집 안에 앉아 관세음보살 관세음보살 하며 염불하는 것이 나로서는 최선이며 전부였다.

우연히 신문에서 뇌 병변에 대한 기사를 보고 내용에 표현된 여러 가지 증세가 나의 상태와 같다고 느껴 지면에 소개된 뇌성마비 복지관을 찾았다. 그곳에서 만난 장애인, 그러니까 뇌 병변 장애인을 직접 접하고 적지 않은 충격을 받았다. 사지가 뒤틀리며 걷는 친구, 얼굴이 일그러지며 말을 거의 하지 못하는 친구, 지능 문제가 있는 친구 등 처음 접하는 모습들에 무척 당황스러웠다. 뇌 병변 장애는 뇌의 병변으로 인하여 발생한 것으로 병변 부위에 따라 각각 나타나는 장애 상태가 다르다. 처음에는 나 자신이 그런 종류의 장애인이라는 사실에 놀라는 한편 스스로 부정했다. 남들이 보기에 나도 그런 모습이리라는 생각을 받아들이기가 싫었던 것이다.

그래도 나의 장애 상태는 비교적 양호한 편이었다. 부인하고 싶었던 장애를 인정할 수밖에 없었던 나는 복지회와 연을 맺어 여러 연관된 활동을 하면서 이제까지와 다른 생각과 변화를 갖게 되었다. 하지만 1988년 서울올림픽대회가 확정되고 함께 열리는 장애인 올림픽인 패럴림픽 준비 과정으로 직업 훈련과 재활 치료 시설을 겸비한 국립재활원에서 뇌 병변 장애인과 다른 부류의 장애인들과 교류하며 새로운 경험을 하면서도 가끔씩 찾아드는 공허감과 무력감은 나를 힘들게 하였다.

다행히 재활원 근처에 작은 절이 있어 가끔씩 올리는 삼배와 정

발길 닿는 그곳에서 부처님을 친견하리

근 기도로 작은 위안을 삼았다. 함께했던 친구는 거의 매일 그곳 사찰을 가서 마당을 쓸곤 하였는데 사실 그 친구의 행동에 큰 감화를 받았으나 정작 나는 주위의 시선이 걸려 마음과 달리 아무것도 하지 못하고 그저 관세음보살님의 명호만 되뇌었다. 일반 재활원과는 다를 것이라는 기대를 가지며 일 년여 동안 직업 훈련을 받고 수료를 하였으나 역시 사회적으로 열악한 환경과 제약으로 생활에 크게 달라지는 것은 거의 없었다.

그곳에서 배운 기능과 관련하여 우연히 한 지인을 만나 그 인연으로 경기도 오도 선원에 기거하게 되었다. 그곳에서 주지 스님께 초발심자경문과 경전 공부 등 불교 교리를 접하면서 인연되어 연결되고 일어나는 모든 것들이 우연히 일어나는 것이 아니라는 인과법의 가르침과 의미를 어렴풋이나마 이해하게 되었다.

전생에 지은 인연 공덕이 짧은 탓인지 지인과의 관계에 문제가 생겨 결국 사찰에서의 생활과 배움은 오래가지 못하였다. 짧은 시간 동안이지만 선원에 머무르며 고요함이 주는 청량감과 맑은 도량이 내어주는 정서적 평안 등 일 년여 시간 동안 스님의 말씀과 경전의 가르침들이 시나브로 긍정적 사고를 갖게 해 주며 삶의 자양분이 되어 나를 지탱하는 힘이 되었다. 하지만 짧은 시간에 끝내 버린 모든 상황이 늘 아쉬움으로 남았다.

장애인 불자 모임 '보리수 아래'

처음부터 몰랐으면 그에 대한 갈증도 없었겠지만 잠깐 동안이나마 접했던 느낌에 뭔지 모를 아쉬움이 가득했지만 무엇을 어떻게 해야 할지 아무것도 알 수 없었다. 불교방송 청취와 관련된 책자를 통해 부족한 가운데 불교에 대한 아쉬움을 조금이나마 해소하는 정도였다. 당시 장애인에 대한 인식은 지금과는 많은 차이가 있었고 특히나 절에 다니는 분들의 경우에도 오히려 잘못된 의식을 갖고 계신 분들이 적지 않았다. 간혹 절을 찾아가곤 했으나 장애인들이 절에 접근하기가 너무나 힘든 상황이었다. 오히려 경내에 오가는 사람들의 주목거리가 되어 많은 이들의 시선이 집중하게 되고, 그 당혹감에 결국 사찰은 다시는 갈 수 없는 곳이 되어버렸다. 불교를 접하고자 했던 마음은 오히려 반감이 되어 결국 다른 종교로 개종하는 안타까운 사연도 접하곤 한다.

장애인이나 몸이 불편한 사람도 사찰에 편하게 갈 수 있다면 하는 생각이 들었다. 일부 불자와 스님들이 갖고 있는 장애인에 대한 잘못된 생각을 바로 돌릴 수 있다면 하는 마음을 느끼던 가운데 오랜 교분을 갖고 있던 최명숙 씨의 주관과 당시 청량사 주지 스님의 도움으로 '보리수 아래'라는 장애인 불자 모임을 결성하게 되었다. 막상 결성을 했으나 무엇을 어디서부터 어떻게 해야 될지 너무나 막막했다.

시인으로서도 여러 활동을 하던 터라 '보리수 아래' 회장의 제

발길 닿는 그곳에서 부처님을 친견하리

안으로 장애인들이 평소 쓰고 있는 글들을 매개로 활동하며 차츰 그 영역을 넓혀 가기로 했다. 집에서 소일하던 장애인들을 밖으로 나오게 하기까지는 쉬운 일이 아니었다. 또 그중에 신심이 있는 사람과 그렇지 못한 사람들이 섞이게 되면서 보이지 않는 갈등이 일어났다. 하지만 사찰 방문과 스님 초청 법문 듣기, 자작시 발표 등 다양한 활동의 월 1회 정기 모임과 사이버 공간인 카페를 활용한 온라인 홍보와 포교 등 교류를 꾸준히 가졌다.

당시 오랜 시간 직장에서 대외 홍보를 담당하고 있던 회장의 경험과 인맥 등을 활용하면서 차츰 그 영역을 넓혀 갔다. 이듬해 조계사 내에 있는 한국불교역사문화기념관에서 '보리수 아래' 첫 공연을 한 이래 시집 발간, 음반 제작 등 범위를 넓히며 2019년까지 한 해도 거르지 않고 활동을 이어오고 있다.

한 번 엎드려 절하기에도 힘에 겨운 우리들은 청량사 약사여래불 아래, 스님의 목탁 소리에 맞춰 한 배 또 한 배 108배를 시작했다. 자유롭지 못한 팔다리는 점점 경직되고 서서히 느껴지는 허리의 통증에 온몸은 비를 맞은 듯 땀범벅이지만 누구 하나 멈춤 없이 마지막 108번째 절을 마친 회원들의 얼굴에는 큰 환희심이 피어났다. 비록 긴 거리는 아니었지만 스님과 함께 행했던 삼보일배는 그동안 행해 보지 못했던 수행으로 가슴 밑바닥에서부터 끓어오르는 알 수 없는 눈물로 벅차올랐다.

그렇게 다양한 행사를 꾸준히 해 오면서 우리가 생각지 못했던 많은 일들이 벌어지게 되었다. 많은 사찰에서 '보리수 아래' 모임을 알게 되고, 각 사찰에서 초청 법문과 함께 여러 가지 편의 제공을 베풀어 주었다. 불교TV와 불교방송 등 각 불교 매체에 소개되면서 조계사를 비롯한 많은 사찰에서 장애인을 위한 편의 시설을 설치하는 등 관심을 갖게 되었다. 수많은 장애인 불자들의 바람이던 조계종장애인전법단이 발족되고 기념하는 자리에 부족한 글이나마 축시를 낭송하는 영광까지 안게 되었다.

'보리수 아래'에서 행해지는 작은 일들은 점점 파급되어 2015년 승가대 학생회와 연결되기도 했다. 승가대 학내 행사 참여와 함께 승가대 스님과 장애인이 일대일로 짝을 지어 행해진 마곡사 템플스테이에서 전개된 모든 일들은 나에게 또 다른 신선한 충격을 주었다. 손과 발이 불편해 밥 수발이 필요한 친구들에게 손이 되어 같이 공양을 하며 먹여 주는 모습, 걷지 못하는 친구를 위하여 자신의 등을 거리낌 없이 내어주시는 스님 등 이제까지 보아 온 스님의 모습과는 전혀 달랐다.

내가 아는 한 스님과 일반인이 일대일이 되어 한 침소에 들 수는 없었는데 마곡사 템플스테이에서는 첫 출발할 때부터 장애인 한 명과 승가대 스님 한 분이 짝이 되어 처음부터 끝나는 시간까지 일정을 같이하며 침소까지 함께했다. 사찰 밖 공간에서도 함께하며 스님의 모습을 떠나 인간 대 인간으로 허물없는 담론을 주고받으면서 종전에 갖고 있던 스님들께 대한 거리감이나 벽들이 일순 사라져 버렸다.

함께하신 스님께 여쭈어보았다. 출가 이후 일반인과 침소를 함

발길 닿는 그곳에서 부처님을 친견하리

께한 적이 있느냐고 여쭈니 스님 자신도 이런 경우는 처음이라고 하셨다. 오히려 인간적 모습을 더하여 진솔한 이야기를 나누며 우리의 아픔을 깊이 듣고 눈시울을 붉히시는 스님의 모습에 나 역시 가슴이 울컥했다. 진정한 포교란 휘황한 겉치레 행위나 말이 아니라 작지만 진솔한 이런 모습이 아닌가 하는 느낌이 들었다.

마곡사 템플스테이에서 행해진 일들은 불교계에서는 종래 없었던 일로서 여러 불교 매체에 크게 보도되며 '보리수 아래'가 행하고자 했던 일 중의 하나인 장애인 인식 개선 사업의 마중물이 되었다. '보리수 아래'에서 행해진 많은 수행들은 주위 사람들에게 널리 홍보되어 새롭게 인식되었다. 마침내는 장애인 단체 최초로 휠체어 장애인을 포함한 중증 장애인 외국 성지 순례와 외국인 장애인 시인을 초대하여 함께하는 시 낭송 발표회와 공동 시집 발간까지 하게 된다.

'보리수 아래' 모임이 퇴보 없이 꾸준히 발전하여 많은 사람들에게 인정받게 된 데에는 개인적 어려움 가운데에서도 동분서주한 회장의 큰 원력이 보탬이 되었을 것이다. 거기에 회원들의 마음속 부처님을 향한 작은 마음들이 더해지고 보이지 않는 많은 사람들의 도움까지 더해져 이 자리에 오게 되었다. 그리고 그 모든 것에 우리가 모르는 가운데 발현하신 부처님의 가피력이 있었다고 믿어 의심치 않는다. 한 개인을 위한 발원이 아니라 모두를 위한 발원이었기에 부처님께서 더욱더 지켜보고 계셨으리라 믿는다.

작은 이들의 큰 연화심

아버지와 지장보살님

나에게는 연로하신 부모님이 계신다. 아버님이 2월 초에 소천하였으니 이제는 "계셨다"라고 해야 하겠다. 아버님은 99세, 어머님은 95세. 사람들에게 먼저 아버님이 99세라 하면 한 번 놀라고 또 어머님이 95세로 생존해 계신다고 하면 두 번 놀란다.

언젠가 누군가 나에게 이런 말을 했다. "부모님이 당신 걱정 때문에 쉽게 돌아가지 않으실 것 같다"고. 그 말은 나의 명치에 항상 걸리어 가슴을 짓누르는 큰 바윗덩어리가 되곤 하였다. 많이 쇠약해진 아버님의 체력은 하루를 지내기도 벅찼고, 아버님의 용변 처리를 해야 하는 나로서는 푸념 섞인 말을 뱉으며, 이제 그만했으면 하는 황망한 생각이 순간순간 불쑥 일어 그때마다 자신을 책망하며 아버님 머리맡에 지장경을 찾아 올려주곤 하였다.

그러던 중 아버님이 갑자기 의식을 잃어 응급실을 찾았다. 전혀 생각지도 못했던 결핵으로 판정되어 감압실로 격리 조치되고 같이 기거했던 식구들 전부 전염 여부를 조사 받아야 했다. 다행히 감염자는 전혀 없었고 아버님은 감압실에서 2주 치료를 받고 일반실로 옮겨졌는데, 이번에는 음식물이 식도로 넘어가지 않고 기도로 넘어가 폐렴이 일어났다고 하는 의료진의 얘기를 듣고 퇴원준비를 하던 식구들은 다시 맥을 놓았다. 나는 부지불식간에 아버님 이제 그만 다 내려놓고 편히 가시기를 바라는 기도를 올리며 지장보살님을 찾았다. 내가 아버님에게 해 드릴 수 있는 최선의

발길 닿는 그곳에서 부처님을 친견하리

것은 더 이상 힘들어하지 않고 편히 가시게 하는 것이라 생각하고 지장보살님의 명호만 계속 염송하는 일밖에는 없었다.

입으로 음식물 섭취가 어렵기 때문에 코에 관을 삽입하여 위에 직접 도달케 하는 시술을 하였다. 사실 나는 코에 삽입하는 관은 퇴원 시에는 당연히 제거하는 줄 알았는데, 임종 시까지 빼지 못하고 퇴원해서도 계속 끼고 있어야 하며 유동식을 코로 삽입해야 한다는 사실을 뒤늦게 의사에게 들어 알았다. 만일 집에 계시다가 은연중 관이 빠지면 다시 응급실로 와야 한다는 말을 듣고 난감하지 않을 수 없었다. 집안 사정상 요양 병원에 맡기기도 힘들고 또 그렇다고 집에서 요양할 수도 없었다. 의사의 그 말을 듣고 난 후 아버님이 계시는 병상에 다가가 아버님 손을 잡고는 다시 한 번 지장보살을 수차례 염하고 염했다. 내가 할 수 있는 유일한 길, 지장보살, 지장보살을 부르며 아버님의 퉁퉁 부은 손을 꼭 잡고 나의 작은 기도로 아버님을 편하게 해 주시기를 염하고 또 염했다.

차후에 벌어질 일들을 어찌할지 설왕설래하며 걱정하다가 잠자리에 들었다. 아버님이 편히 영면하시길 기원하며 다시 한 번 지장보살을 되뇌며 여러 생각으로 밤을 지새운 아침 일찍 아버님의 별세 소식이 알려졌다. 허겁지겁 병원으로 가면서 다시 한 번 지장보살을 찾았고 처치실로 나와 있는 아버님의 손에는 아직 희미하게 체온이 남아 있었다. 간병인의 말에 따르면 새벽까지 괜찮았는데 아침 일찍 혈압 검사를 하기 위해 온 간호사에게 발견되었다는 것이다. 주무시다 돌아가신 듯 얼굴이 편안한 모습에 나는 "지장보살님 감사합니다", "고맙습니다"를 되뇌며 지장보살을 염하였다. 아버님 주검 앞에서 감사하다고 하는 나의 말이 내 가슴을 쳤다. 그래도 내 입 속에서는 지장보살을 계속 되뇌고 있었다.

나무 지장보살.
나무 지장보살.
나무 대원본존 지장보살 마하살.

법보신문사장상

부처님의 미소

문수심 강문순

오랫동안 망설였습니다. 저보다 신심이 깊고 부처님의 가피가 크신 분들 앞에서 화려한 미사여구도 모르고, 매끄럽지 못한 글솜씨에 망설이길 수차례 반복했지만 크나큰 부처님의 사랑을 자랑하고 싶고 누군가에게 용기를 주고 싶어 자판을 두드려 봅니다.

저희 부부는 40년과 37년의 직장 생활 동안 기약 없는 투병 생활을 하면서 하루하루 보내기가 힘들었지만 부처님의 가피로 건강을 회복하고 꿈도 꾸지 못한 정년퇴직을 앞두고 있습니다. 기나긴 투병 생활로 다른 사람을 돌아볼 여유도 없이 살아가는 게 너무도 힘들었던 저희는 2002년 6월 23일 간경화를 앓고 있던 남편에게 처제가 간을 기증해 주어 건강을 되찾았고 만성 신부전으로 투석을 하던 제가 2018년 12월 19일 조카사위의 신장 기증으로 건강을 회복했으니 꿈만 같은 일이지요.

부처님께서 살려 주셨습니다.

저의 재적 사찰은 충남 서산의 부석사입니다. 부석사는 천년 고찰로 경허, 만공 대선사께서 주석하셨고 바다가 보이는 아름다운 5대 사찰 중의 하나로, 서해로 빠지는 낙조가 붉다 못해 빨려 들어가는 듯한 아름다운 곳입니다. 여름이면 물봉선화가 흐드러지게 피고, 가을이면 가녀린 코스모스의 수줍은 매력에 많은 사진작가가 찾는 곳이기도 하지요.

신심이 깊으신 할아버지는 절에 가실 때마다 저를 데려가셨고 저는 어린 나이에 자연스레 불자가 되었습니다. 대선사의 수행 가풍이 이어져 오는 부석사에 행사가 있으면 1주일 전부터 간장으로만 식사하시고 몸가짐 단정히 하시고 절에 오르시던 할아버지의 모습이 기억납니다. 제가 중학교 3학년이던 더운 여름날 부석사를 배반하지 말고 시집가서도 큰집으로 알고 다니라 하시면서 매미 울음소리와 함께 85세를 일기로 할아버지께서 저희 곁을 떠나셨지요. 어려서 그 뜻을 이해하지 못했지만 60을 살아온 지난날을 되돌아보면 할아버지께서는 제 앞날을 예지하시고 오로지 부처님께 의지하고 기도하라는 말씀이셨나 봅니다.

신혼여행에서 알게 된 남편의 병력

저는 스무 살에 발령을 받아 직장 생활을 시작했습니다. 가끔 진학하지 못한 아쉬움 속에서 대학에 진학한 친구들을 피하고, 부러워 갈피를 잡지 못할 때 잘못도 없는 부처님께 투정 부리기 위해 찾은 곳이 법당이었습니다. 부처님께서 말없이 웃어 주시는 법당은 참으로 편안했습니다. 활짝 열린 법당문 사이로 보이는 서해안 노을이 아름다워 시간 가는 줄 몰랐지요.

스물아홉에 남편을 만나 결혼했습니다. 7남매의 막내인 남편은 장남 역할을 하는 사람으로 시어머님 말씀대로 대한민국에서 둘도 없는 효자였습니다.

인연이라서 그랬을까요? 결혼하고 신혼여행을 간 제주도에서 남편의 얼굴을 보니 피부색이 유난히 검었습니다. 원래 피부색이 그렇게 검으냐고 물으니 그때야 시아버지가 간경화로 40세에 돌아가셨고 남편도 간염 보균자라고 이야기하더군요. 결혼 전에 말 못 해서 미안하다고…….

신혼여행에서 정신없이 돌아와 검사를 해 보니 GOT, GPT 수치가 높았습니다. 텅 빈 마음으로 절에 올랐습니다. 어찌해야 하느냐고, 투정을 부렸습니다. 바보같이 부처님은 빙그레 웃고만 계셨습니다.

결혼 생활을 그리 시작했고 신혼이 뭔지도 몰랐습니다. 병원 진료로 약을 먹으면서 치료를 시작한 남편은 낙천적인 사람이라 스스로 스트레스 받지 않고 관리를 잘했지만 간 기능 손상은 조금씩 진행되어 갔습니다. 치료하면서도 거듭되는 승진 시험에 합격하고 지점장으로 발령 2년 정도 근무했을 당시, 부부 친목 모임에서 가까운 곳으로 나들이를 갔는데 남편이 갑자기 코피를 쏟기 시작하더니 코피가 멈추지 않았습니다. 친구들은 장난기 어린 농담을 했지만, 가슴이 철렁 내려앉은 저는 인사도 못 하고 모임에서 빠져 남편을 모시고 병원에 갔습니다.

10여 년 동안 치료를 했지만 결국 간경화로 진행되고 있다는 말을 듣고, 저는 법당에 올라가 투정이 아니라 한바탕 울었습니다. 어찌하라고, 어찌해야 하느냐고. 대답 없는 부처님은 제 마음을 아시는지 모르시는지 또 바보같이 빙그레 웃으셨습니다.

부처님께 울고불고 매달렸습니다. 마흔 살에 돌아가신 시아버님도 원망하면서 저 사람 지금 생을 마감하면 너무 불쌍하니 내 남은 생 절반으로 나누어 살 게 해 달라고 매달렸지요. 통통 부은 얼굴로 법당을 나서면 기도 스님께서 왜 그러느냐며 이야기 좀 하자고 잡으셨지만 말씀도 못 드리고, 길에서 아는 사람을 만나 안부를 물어도 대답도 못 하고 집에 와선 속으로 울고 겉으론 웃는 연예인이 되었습니다.

효과 없는 치료만 계속하던 중 큰아이가 중학교에 진학하던 2002년도에 아산병원 서동진 박사님께서 생체이식 외엔 방법이 없다고 말씀하셨습니다. 신장내과 치료를 받던 제가 주치의 선생님께 간 기증을 하겠다고 말씀드리니 단호히 안 된다고 말씀하셨습니다. 기증자가 될 수 없다는 단호함에 희망이 사라지고 불확실한 미래에 지쳐 갈 무렵 교회 다니는 셋째 형님의 아들인 조카가 기증하겠다는 의사를 형님을 통해 알려주었습니다. 남편과 저는 펄쩍펄쩍 뛰면서 살았노라고 감사하다고 부처님의 가피라고 엉엉 울었습니다.

여러 가지 검사를 거쳐 적합 판정을 받던 날 조카가 안쓰러워 차마 저희는 소식을 전할 수 없어 망설이던 차 셋째 형님께서 전화를 주셨습니다. 결과를 말씀드리고 형님 댁에 가겠다니 오지 말라는, 수화기 너머로 들려오는 냉랭한 목소리에 가슴이 철렁하면서도 별일이 아닐 거라 남편을 다독였습니다.

형님은 한동안 소식이 없다가 남편에게 기도원을 다녀오라 하셨습니다. 복수가 차서 거동도 못 하는 남편은 형님네 눈치 보느라 짐을 싸야 했고 1주일 후에 돌아온 형편없는 남편의 모습에 잘못도 없는 부처님을 원망한 기억이 생각납니다. 부흥회 한다고 교회에 나오라 하여 남편은 복수 찬 배를 부여잡고 막연한 기대 속에 열심히 참석했지요. 부흥회가 끝날 무렵 집으로 돌아온 남편은 안방으로 들어가 방문을 잠그고 대성통곡을 했습니다.

깜짝 놀라 문을 열어 달라고 두드리다가 베란다 창문으로 넘어가 남편을 일으켜 세우고 이유를 물었더니 시숙께서 간 기증을 못해 준다고 단호히 말씀하셨답니다. 울지 말라 했습니다. 제가 믿고 매달리는 부처님이 계시니 살려 주실 거라고 무슨 짓을 해서라도 살릴 테니 포기하진 말라고. 남편에겐 큰소리치고 그날부터 새

발길 닿는 그곳에서 부처님을 친견하리

벽마다 《금강경》 3독과 관세음보살 정근으로 기도를 시작하고, 기도 끝에 살려 주시리라 믿는다고 안 살려 주시면 절에 안 다니겠다고 생떼를 썼습니다.

형님이 다니는 같은 교회 권사 두 분과 사무실로 찾아왔습니다. 교회에 나오면 하느님이 고쳐 주신다고 교회 나오라고 두 시간을 설득하더군요. 말씀 잘하시는 세 분께 저는 절에 나오시면 교회에 나가겠다고 말씀드렸습니다. 권사님 한 분이 돌아가시면서 교회에 나오면 큰 인물로 쓸 텐데 하시더군요.

도반들에게 소식을 들으신 기도 스님께서 혈액형이 맞아 기증해 주시겠다고 두 번이나 사무실로 찾아오셨지만 감사하다고 나중에 공여자가 없을 때 말씀드리겠다고 했습니다. 생질이 문병을 와 자신이 검사를 해 보겠다고 해서 급한 마음에 검사부터 했는데, 알고 보니 기본적인 혈액형도 맞지 않아 검사비만 날리기도 했습니다.

부처님의 보살핌으로 되찾은 남편의 건강

희망이 보이지 않은 어둠 속에서 진료 받으러 가니 박사님께서 CT에 종양이 여러 개 자리하고 있다고 말씀하셨습니다. 조카의 기증이 무산된 데다 악성종양이라는 진단까지 받자, 생체이식으로 건강을 되찾을 거라는 희망 속에 버틴 지난날이 무너져 맥이

풀리고 어찌할 바를 몰라 그 큰 병원 대기실에서 엉엉 울었습니다. 지나는 사람들의 안쓰러운 눈길도 의식을 못 한 채 한참을 우는데 여동생에게 전화가 왔습니다. 동생은 이식할 수 있을 거라고 위로하면서 기증할 테니 검사 예약을 하라고 하더군요. 일단 검사를 받아 보자는 동생의 설득에 접수 창구 직원의 배려로 일사천리로 검사를 했습니다. 결과는 적합 판정이었습니다.

여자임에도 간의 크기가 커서 이식에 문제가 없었던 것은 부처님의 뜻이었을까요. 동생은 딸이 초등학교 1학년, 아들은 다섯 살로 엄마의 손길이 제일 필요한 시기에 제부와 시부모님의 허락으로 기증을 준비했습니다. 제부도 그렇지만 시부모님께서 참으로 훌륭하셨습니다.

남편도 입원하여 이식 준비에 들어가기 위한 검사를 받아 보니 간염균이 아포를 형성한 것을 종양으로 오진하였고 이식 받는 데 아무 문제가 없었습니다. 2002년 6월 23일 아침 7시에 수술실에 들어가 12시간 만에 저녁 7시에 남편은 무균실에, 동생은 중환자실로 이송되었습니다. 두 사람을 수술실에 들여보내고 병원 안 법당에 들어가 종일 남편을 살리고 싶은 욕심에 동생의 뜻을 거부하지 못하고 고생시킨 잘못을 참회하면서 두 사람이 제 곁에 무사히 돌아올 수 있기를 기도하였습니다.

18년이 지났지만, 아산병원 법당 지홍 스님께서 친정 엄마와 저를 꼭 안아 주시면서 부처님을 믿고 편안한 마음으로 기도하면 수술이 성공적일 거라고 말씀하신 게 기억납니다. 부석사 기도 스님

발길 닿는 그곳에서 부처님을 친견하리

께서도 사시기도 끝나고 식사도 못 하신 채 병원으로 오셔서 기도해 주셨고요. 수술이 잘되었다고 걱정했던 마음을 다독여 주시던 이승규 박사님을 뵙고 무균실 창문 너머로 손을 흔드는 남편을 보니 감사한 마음에 눈물이 쏟아졌습니다.

중환자실에서 링거를 수도 없이 매달고 복부에 대형밴드를 감아 놓은 동생을 보니 제 욕심만 부렸다는 죄책감이 들어 아무런 이야기도 못 하고 그저 용서하라는 말만 했습니다. 공여자가 수혜자보다 더 큰 고통을 겪는 속에서도 동생은 미안하리만큼 잘 견뎌 주었고요. 부처님의 보살핌과 의료진의 노력으로 동생은 20일 만에, 남편은 25일 만에 퇴원했습니다. 두 사람 모두 건강을 회복하여 남편은 복직했으며 동생도 며느리, 아내, 엄마 노릇을 잘하고 있습니다.

행복 속에 또다시 찾아온 불운

남편의 건강 회복으로 부처님께 감사한 날들이었습니다. 신도회 총무일을 보면서 14년 동안 비어 있던 찻집을 주지 스님 허락하에 당번을 정해 운영하여 수입 전액을 불사에 희사하였습니다. 초창기 108산사성지순례단장을 맡아 제주도 약천사와 관음사 성지 순례에 80명이 동참하였을 때에는 노보살님들의 건강까지 챙겨 주신 부처님 덕분에 무사히 다녀올 수 있었습니다. 봉정암 순례 시 비가 억수같이 쏟아져 순례길이 통제되었으나, 부석사 성지 순례단이 백담사에 도착하자마자 비가 그치고 순례길이 해제되어 무사히 오를 수 있었음은 오로지 부처님 뜻이었지요.

공부도 게을리하지 않고 방송통신대학을 졸업하고 서광사 불교대학에 입학하여 도반들과 신나게 부처님 법을 공부하고 포교사시험에 합격했습니다. 다시 대한불교조계종 디지털 불교대학에 입학하여 신행 상담 전문포교사시험에 합격하여 남편의 건강을 찾게 해 주신 부처님께 감사 기도를 새벽마다 이어 갔습니다.

2016년 신도회장으로 임명 받고 기도와 봉사는 늘 행복한 마음을 가져다주었습니다. 이제 웃을 날만 남은 줄 알았습니다. 꽃길만 걸을 줄 알았습니다. 그러나 남편 뒷바라지와 육아, 방송통신대학 진학으로 힘이 들었는지 작은아이 다섯 살 때 발병한 악성사구체신염이 점점 악화하여 스테로이드와 면역억제제를 복용해도 부작용만 심할 뿐이지 치료가 되지 않았고 몸은 퉁퉁 부어 몰골이 형편없어졌습니다.

그래도 부처님께 투정 부리지 않고 감사했습니다. 남편이 건강을 되찾고 제가 아프니 다행이라고. 또 부처님께 매달렸습니다. 부처님 뵈러 다녀야 하는데 어찌하실 거냐고. 남편 살려 주셨으니 저도 살려 달라고.

2018년 설을 이틀 앞두고 사무실에서 갑자기 쓰러졌습니다. 서산중앙병원으로 이송되어 하루 동안 입원 치료 후 서울 아산병원 응급실로 전원되었습니다. 신장 기능이 채 20%도 남지 않아 투석

발길 닿는 그곳에서 부처님을 친견하리

해야 한다며 응급으로 서혜부 쪽에 관을 삽입해 투석을 시작하였습니다. 연휴가 끝나고 나서 목으로 다시 관을 삽입하고 또 손목에 동정맥류 연결 시술을 받아 혹시 모를, 기약 없는 이식 준비를 위해 필요한 검사까지 받은 후 15일이 지나 퇴원했습니다.

투석할지도 모른다는 생각을 했으나 결국 투석을 하게 되니 세상 원망이 끝이 없었으나 혹여 기도를 게을리한 탓은 아닌지 반성하게 되었습니다. 1주일에 세 번씩 4시간을 투석한 후 머리가 깨질 듯 아픈 고통이 제일 참기 힘들었습니다. 더운 여름날 물도 마음대로 먹지 못해 얼음 한 조각으로 버티는 게 참으로 힘들었고요. 남편이 명퇴하라 했지만 저는 병가를 활용해 아침 일찍 7시부터 투석을 시작, 11시에 끝내고 오후 1시부터 근무를 했습니다.

5월 어버이날 즈음 투석을 받고 출근하니 조카딸이 조카사위와 손주를 데리고 꽃바구니를 가지고 사무실로 찾아왔습니다. 조카딸은 머리 아파 힘들어하는 제 모습을 보고 아무 말도 못 하고 울기만 했고 조카사위도 말없이 바라보다 돌아서는데, 저는 너무나 힘들어 밥도 못 먹여 보냈습니다. 결혼 당시 유치원에 다니던 조카딸은 엄마가 멀리 떠나 저를 엄마 대신, 딸이 없는 제겐 딸 대신 살아온 지 32년 되었습니다.

1주일이 지나고 퇴근한 남편이 조카사위가 기증한다고 검사해 보자고 했답니다. 깜짝 놀라 쓸데없는 이야기 하지 말라고 했네요. 여동생의 간 기증으로 건강을 되찾은 남편이지만 평생 동생에게 미안하고 혹여 동생이 아플까 걱정하는 제 마음으론 조카사위의 신장 기증을 받아들일 수가 없었습니다. 아들 둘 다 조건이 맞지 않아 뇌사자 장기이식을 기다리던 중이었습니다.

다음 날 조카딸이 전화를 했습니다. 검사만 해 보자고, 안 맞을 수도 있으니 검사만 해 보자고 오히려 조카딸이 울고불고 야단이었습니다. 퇴근 후 남편의 설득에도 대답하지 않으니 조카 내외가 찾아왔습니다. 조카사위가 맞지 않으면 큰조카와 조카며느리가 검사하기 위해 기다리고 있다고. 부처님을 찾아갔습니다. 하루도 빠짐없이 《금강경》 기도와 정근을 했지만 그래도 부처님이 허락하시면 검사를 하겠다고 여쭈니 그날은 부처님이 유난히도 환하게 웃으셨습니다. 지금도 이상하리만치 그리 환하게 웃는 모습은 처음 뵌 것으로 기억합니다.

용기를 얻어, 또 조카사위의 진중한 모습에 검사를 예약, 검사 결과 적합 판정으로 국가 승인 절차를 거쳤으나 혈액형이 맞지 않아 혈장교환 시술을 받고 12월 19일 이식수술을 받았습니다. 국가 승인을 신청하니 담당하는 사회복지사님께서 조카사위가 기증하는 것을 의아하게 생각하며 가족이 아니니 관련된 모든 자료를 가져오라 하시더군요. 남들보다 세 배는 준비한 것 같습니다. 기증 동기를 묻는 복지사에게 "제겐 장모님과 똑같다"고 대답해 주는 조카사위 덕분에 또 한바탕 울었습니다. 사회복지사님은 이런 가족은 처음 본다며 조카딸과 저를 다독여 주셨고요.

참으로 희한하게도 수술을 앞두고 수많은 인연이 제게 나타나 격려를 해 주고 다독여 주셨고, 순간순간 그들을 통해 부처님께서 제게 용기를 주셨습니다. 수술 전날 수술에 대한 불안함은 부처님 손에 맡긴 터라 걱정이 없었지만, 조카사위에 대한 미안한 마음에 어찌할 줄 몰라 아침 일찍 병원 법당을 찾았습니다.

주지 스님께서 연꽃 한 송이를 주셨습니다. 기도를 끝내고 나니 처음 뵙는 노 보살님께서 삶은 달걀을 예쁘게 포장해 주시면서 좋은 일이 있을 거라고 걱정하지 말라고 하시더군요. 이식수술을 한다고 이야기도 안 했는데 어찌 아셨는지…….

회복하는 과정에서도 새벽마다 조카사위를 위해 기도를 하고 운동을 열심히 하여 조카사위는 5일 만에, 저는 10일 만에 퇴원했습니다. 집중실을 나와 2인실에서 이틀을 제외하고 퇴원할 때까지 저 혼자 사용을 했으니 큰 목소리로 경전을 읽고 정근을 하는 데 걸림이 없었지요. 부처님 보살핌으로 조카사위는 건강하게 직장에 잘 나가고 있습니다.

40여 일 병가를 끝내고 출근하여 부처님께 찾아갔습니다. "감사합니다." 수없이 되뇌면서 당신이 계시지 않았더라면 어찌 견딜 수 있었겠느냐고, 버리지 않고 살려 주셔서 감사하다고. 잔잔한 미소로 애썼다 하시더군요.

다시 시작하는 기도

참으로 저는 복이 많은 사람입니다. 어려서 할아버지 덕분에 부처님을 만날 수 있었고 남들은 평생에 한 번도 있을 수 없는 큰일을 두 번씩이나 겪으면서 부처님의 가피로 건강을 되찾고 훌륭한 스승님 아래 공부와 기도를 할 수 있었으니 참으로 복된 사람입니다.

늘 부처님은 저와 함께하셨습니다. 우리 부부가 다시 태어나도록 여동생과 조카사위의 인연을 주셨고, 제대로 뒷바라지를 못 한 아이들도 대입, 취업 재수 한 번 없이 원하는 직장에서 근무하도록 해 주셨고 늘 웃고만 계시다고 바보 부처님이라고 했지만, 인자하신 웃음으로 기도하는 만큼 답을 주심은 큰일을 겪고 나서야 알았습니다.

인연 있는 스님의 등 공양 부탁에 100명의 원을 세우며 부처님 당신 뜻대로 하시라고 기도하면서 권선을 하다 보니 100명이 동참하는 기적 같은 현실에 놀라워 부처님이 무섭기까지 했답니다.

이제 다른 욕심 없습니다. 연말에 퇴직하는 남편에게 상임이사 제의가 들어왔지만 욕심내지 말라 했습니다. 그동안 하지 못했던 일, 해 보고 싶은 일 하시라 했고요. 가끔 절에 함께 나가고 공양 올리시라 했더니 빙그레 웃고 있습니다. 크고 작은 불사에 늘 경제적 지원을 해 주었기에 그 마음 변치 않으리라 생각합니다. 저는 내년 6월에 퇴직하면 여동생과 조카사위의 건강을 기도하면서 직장과 건강의 이유로 활동하지 못한 포교사와 신행전문포교사, 108여성불자회, 7교구신도회 활동을 계속하고 부석사 금동관세음보살좌상 부처님께서 꼭 돌아오시길 기도하며 절 마당에서 사시

발길 닿는 그곳에서 부처님을 친견하리

사철 풀 뽑고 낙엽도 쓸며 부처님께 공양을 올릴 수 있도록 원을 세웁니다.

어찌 헤쳐 나왔는지 모르겠지만 분명한 것은 부처님이 계셨기에 그 어려움 속에서 기도로써 슬기롭게 벗어날 수 있었고 살아날 수 있었습니다. 주저앉지 않고 걸을 수 있었습니다. 잔잔한 미소로 늘 가피를 주시는 부처님께 감사드립니다. 누군가에겐 부처님의 사랑과 누군가에겐 용기를 내라고 시작한 글이지만 써 놓고 나니 또 망설여집니다.

다시 기도를 시작합니다. 경전이 낡아서 다 해졌지만, 부처님이 그곳에 계시고 제 삶이 오롯이 그 경전에 있기에 기도는 멈추지 않을 것입니다. 긴 글 읽어 주심에 감사드리며 인연 있는 모든 분들이 건강하시길 기도합니다.

코로나19를 겪으며
부처님 법과 다시 만나다

반야지 김영화

대구가 전 세계에 알려졌다. 나는 그 대구에 살고 있다.

불교와 인연이 닿은 지는 십여 년 남짓 되었지만 유명하다는 사찰을 찾아 기도하는 정도였다. 동화사 대구불교대학에 입학해 공부한 적도 있었지만 일 년도 채우지 못하고, 남편의 암 수술과 병간호를 핑계로 중퇴하였다. 다니는 절을 정해 놓고 신행 생활을 한 것은 삼 년쯤 되었나 보다.

요즈음은 남편 사업도 뜻대로 되지 않고 아이들도 직장을 구하지 못하자 슬슬 기도에 대한 회의가 생겨났다. 절에 갈 때마다 기도했지만, 법당을 나올 때는 뭔가 모자라는 느낌에 개운하지 않다. 《법화경》 사경도 해 보았지만 깊은 뜻을 알지 못하여 그저 필사에 그쳤다. 기도해도 원하는 것을 얻을 수 없다면 도대체 기도는 무엇인지 다시 공부해 봐야겠다는 생각이 들었다.

그러던 중 코로나19 감염병이 대구를 덮쳤다. 대구에서는 2020

년 2월 18일에 처음으로 확진자가 발생했다. 전국 확진자 통계로는 서른한 번째였다. 그때까지만 해도 대수롭지 않게 생각했다. '한 명쯤이야 뭐' 하며 신경도 쓰지 않았다.

그러나 이후로는 하룻밤 자고 일어날 때마다 수십 명, 수백 명의 확진자가 생겼다. 아파트 창문을 열면 구급차 소리가 제일 먼저 들어왔다. 근거를 알 수 없는 소문이 스마트폰을 타고 퍼졌다. 텔레비전에서는 대구 이야기가 끊일 날이 없었다. 틀기만 하면 대구 이야기가 쏟아져 나왔다. 내남없이 불안하기는 마찬가지였겠지만 암 수술 후 면역력이 예전만 못한 남편 걱정으로 나는 늘 노심초사했다. 외출했다 들어온 날은 재채기만 해도 코로나19 감염인가 싶어 집 안에서도 마스크를 했다. 온 집 안을 소독약으로 닦고 또 닦아도 마음에 남아 있는 불안감은 지워지지 않았다.

감염병에 대처하는 우리의 자세

기도를 시작했다. 우리 가족과 대구 시민을 지켜 주십사 저녁마다 간절하게 기도했다. 막무가내로 기도하던 중 제대로 해야겠다는 생각이 들었다. 불교방송과 인터넷 방송을 찾아보았다. 법문이 너무나 많이 올라와 있었다. 인터넷 방송에서는 일상에 도움을 주는 가벼운 법문을 즐겨 들었고, 불교 공부에 대한 묵직한 법문은 불교방송에서 찾았다. 반찬을 만들거나 설거지를 할 때 습관처

발길 닿는 그곳에서 부처님을 친견하리

럼 법문을 들었다. 법문을 계속 듣다 보니 어설펐던 믿음이 조금씩 자리를 잡았다. 법문은 등한시하고 기도에만 치중하였기에 나의 신행 생활은 뿌리가 약했던 모양이다. 뿌리가 없는 나무는 잎이 시들기 마련인 것을, 부처님 법이 진정 무엇인지 배울 생각은 제쳐두고 욕심 채우는 기도만 했으니 열매가 영글기 만무한 일이었다.

합장 인사가 개인 간의 방역이 되는 인사법이 될 수 있음도 법문을 듣고 알게 되었다. 부둥켜안거나 손을 잡지도 않거니와 저절로 어느 정도 거리를 유지할 수 있으니 요즘 같은 때에 딱 맞는 인사 예절이 아닌가. 더구나 고요하게 마음을 모아서 상대방에게 충분한 예를 갖출 수 있으니 이보다 더 좋은 인사법이 있을까 싶다.

어릴 때, 여름방학에는 엄마를 도와 김장 배추와 무를 심었다. 엄마는 정종을 담았던 긴 병을 내 손에 쥐여 주셨다. 병의 키만큼 간격을 띄우고, 병의 밑동으로 흙을 살짝 누른 후 씨앗을 넣으면 엄마가 뒤따라오시며 흙을 덮었다. 거리를 둬야 배추가 다 자랐을 때 서로 부딪치지 않는다고 하셨다. 사람 사는 공간도 그렇지 않을까. 너무 가깝다 보면 생각을 거를 틈도 없이 다가가 상처를 주기도 한다. 그러니 합장 인사는 자연에 가장 가까운 인사법이 될 수도 있겠다.

감염병의 대유행에 대처하는 몇몇 이웃 종교인들의 모습은 불교와 사뭇 달랐다. 코로나19 감염병 때문에 온 세상이 불안감에 싸여 있는 때에 밀집된 공간에서 예배를 보는 사람들을 뉴스에서 보았다. 그것 때문에 여러 사람이 감염되기도 했다. 뉴스를 본 사람들은 또 얼마나 놀랐겠는가. 어떤 종교이든 사람이 바탕이 되어야 하거늘, 정녕 무엇이 사람을 위한 일인지 종교인이 아닌, 국민의 한 사람으로서 안타까운 마음에 가슴이 답답했던 적이 많았다.

불교는 달랐다. 도심뿐 아니라 산중에 있는 절집까지 모두 법회를 중단하고 코로나19의 확산 방지에 마음을 보탰다. 《금강경》제14분 이상적멸분에 "수보리 보살 위이익일체중생 응여시보시"라는 구절이 있다. 보살은 모든 중생을 이롭게 하고 집착 없는 마음으로 보시해야 한다고 이해한다. 코로나19가 온 나라를 뒤흔들어놓은 지금, 방역 수칙을 잘 지키는 것이야말로 중생을 이롭게 하는 보살도가 아닐까. 누군가의 강요에 못 이겨서가 아니라 모두를 위해 절집을 잠시 닫았으니 불자들 모두가 보살도를 행하고 있었던 셈이다.

삶의 고비마다 드린 기도가 쌓여…

나는 기도와 수행은 전혀 다른 신행 생활이라고 여겼다. 절에 갈 수가 없어 집에서 기도를 해 보니 기도도 수행이 될 수 있겠다는 생각에 이르렀다. 《천수경》, 《금강경》, 《반야심경》을 독송해 보니 기도를 거듭할수록 들떠 있던 감정이 조금씩 가라앉았다. 적어도 기도하는 도중은 그러했다. 놀라웠던 것은 몇 년 동안 고생했

발길 닿는 그곳에서 부처님을 친견하리

던 불면증이 조금씩 나아지는 것이었다. 일어나는 생각을 버리지 못하고 잠자리에 들었던 버릇이 여태껏 불면증을 키웠던 모양이다.

집에서 기도를 시작하면서 발원문도 적었다. 중구난방으로 이것저것 해 주십사 매달렸던 때와 달리 발원문을 적어 보니 기도가 점차 정돈되었다. 발원문은 마음을 찍은 사진 같았다. 가장 가까운 도반인 가족을 미워했던 마음, 이웃들에게 생색내거나 질투했던 말들이 고스란히 드러났다. 저절로 참회가 되었다. 발원문을 읽으면서 나는 자신과 오롯이 마주 앉았다.

오 년 전, 남편이 위암 수술을 했던 때가 떠오른다. 수술실 앞에서 다섯 시간 동안 물 한 모금 마시지 않고 관세음보살님을 불렀다. 퇴원할 때까지 새벽마다 병원 법당에 엎드려 기도했다. 위암 환자는 퇴원 후에도 병원에서 일러준 대로 먹어야 한다. 무턱대고 먹으면 반드시 탈이 나고 만다. 그러니 남편이 먹을 음식을 만드는 것이 내게는 기도였고, 남편은 수행하듯 치료식 기간을 견뎠다.

지금 코로나19로 인해 집에서 기도하는 날들도 절박했던 그때와 닮았다. 면역력이 약한 남편이 걱정되어 챙기고 또 챙긴다. 기도하고 또 기도한다. 한동안 머뭇거렸던 신행 생활이 다시 제 길을 찾았다. 삶의 고비마다 놓치지 않고 했던 기도가 쌓여 신행 생활도 조금씩 여물어 가나 보다.

남편도《법화경》사경을 시작하며 부처님 법과 인연을 맺었다. 불교방송과 인터넷 방송의 좋은 법문을 공유하여 듣는다. 요즈음은 《금강경》을 들으며 잠자리에 든다고 한다. 내가 "금강경이 자장가가 되어 버렸네" 하고 놀리면 그는 그저 웃는다.

맹렬했던 코로나19의 확산세가 많이 누그러졌다. 사회적 거리 두기로 사람들과의 물리적 거리는 멀어졌지만, 그 두어 달 동안 부처님 법과는 한층 더 가까워졌다.

이제는 어떤 어려움에 맞닥뜨려도 부처님 법과 멀어지는 어리석음에 빠지지 않도록 서원한다. 대학 공부를 마치지는 못했지만, 열심히 일하고 있는 아들이 대견하다. 남편이 이런저런 일로 힘들게 해도 건강하게 살아 있으니 고마울 따름이다.

한 생각을 바꾸니 세상이 달리 보인다. 다 나쁜 것은 없나 보다. 코로나19로 집에 머무는 동안 귀한 법문도 원 없이 듣고 불자로서 새롭게 마음을 다잡았으니 말이다. 하루빨리 코로나19가 종식되어 절에 가서 마음껏 기도하고 싶다. 도반들과 함께 소리 맞추어 부처님 찬탄할 날을 손꼽아 기다린다.

가슴이 벅차다. 마음은 벌써 법당에 가 있다.

발길 닿는 그곳에서 부처님을 친견하리

아버지를 향한 회향

자비화 이란희

"옴 아모카 바이로차나 마하무드라 마니파드마 즈바라 프라바르
타야 훔……."

그는 이 생에서의 마지막 의식을 치르고 있었다. 화장터 앞에서
내가 할 수 있는 건 오직 기도뿐이었다. 전날 밤, 조문 온 법우가
내게 당부를 했다. 화장터로 모시면 마음이 무너져 내릴지도 모르
니 마음 단단히 먹으라고. 그때 꼭 기도를 하라는 조언과 함께 네
가 할 수 있는 건 기도뿐이라는 말도 덧붙였다. 법우의 말이 맞았
다. 기도 외에 내가 할 수 있는 건 아무것도 없었다. 양손에 염주
를 꽉 쥐고서 광명진언을 외웠다. 두 뺨으로는 눈물만 하염없이
흘러내렸다.

처음으로 맞이한 누군가의 죽음이었다. 그 존재는 다름 아닌 아
버지였다. 아버지와 함께했던 지난 시간들이 떠올랐다. 가족은커
녕 자신도 돌보지 않은 아버지였다. 무기력한 그를 미움과 답답함

발길 닿는 그곳에서 부처님을 친견하리

으로 지켜봐야 했던 10대였다. 그의 곁을 떠나 도망치듯 타지로 대학 진학을 했다. 철부지 막내딸은 타지에서 부러울 것 없이 행복한 20대를 보냈다. 그 시기는 아버지를 모른 체하며 살았던 때이기도 했다. 그러는 동안 아버지는 요양병원에서 홀로 이 생을 정리하고 있었다. 딸과 아버지의 서로 다른 10년의 시간이었다.

절 앞마당을 뛰놀던 어린 시절

내 고향은 경북 청도의 시골 마을이다. 옆 마을에는 비구니 강원 사찰이 있다. 그래서인지 동네 주민들 대다수가 불자인 건 당연했다. 우리 집안 또한 마찬가지였다. 나는 유치원 때부터 어린이 법회를 다녔다. 절에서 뛰어놀고 스님들과 어울리는 건 일상이었다. 다사다난했던 사춘기 때는 강원의 스님들과 주고받은 편지가 위로이자 응원이었다. 엄마와 떨어져 지내야 했던 그 시기에 비구니 스님들은 내게 엄마이자 언니이자 친구나 다름없었다. 중·고등학교 때도 불교학생회를 이끌며 친구, 선후배들과 법회를 이어 나갔다. 수능 100일 때는 혼자 절에서 1박 2일 기도도 했다. 당시에는 기도법이라고는 108배밖에 몰랐다. 그러나 어머니, 할머니 보살님들을 곁눈질하며 1박 2일 기도도 무사히 회향했다. 덕분인지(?) 원하던 대학에 진학할 수 있었고 전북 전주에서 대학교를 다니게 되었다. 그러나 그 이후로 절과의 인연은 끊어졌다.

모든 게 새로웠던 20대 여대생의 관심사에서 불교와 절은 멀어질 수밖에 없었다.

힘들면 종교를 찾는다고는 하는데 나도 마찬가지였다. 20대 후반에 들어서자 걷잡을 수 없이 방황하는 나를 발견하게 되었다. 관계, 진로, 비전 문제 등 또래라면 겪을 수 있는 고민이었다. 그러나 그 고민의 무게는 나를 더욱더 심하게 짓눌렀다. 무엇보다 활달하고 낙천적이었던 자신을 잃은 것 같은 느낌은 견딜 수 없었다. 그때 어렸을 적 놀이터였던 절이 떠올랐다. 사건 사고가 많았던 그 시절, 내게 가장 힘이 되었던 게 절과 스님들이었다. 그곳에 다시 간다면 힘듦을 이겨낼 수 있으리라는 생각이 막연하게 들었다. 그래서 다시 절을 찾았다. 10년 만이었다.

다시 찾은 절은 고향의 그곳과는 사뭇 달랐다. 산속이 아닌 도심 한가운데 위치했고, 관광객들로 붐볐다. 새 소리, 물소리와 함께 어우러졌던 목탁 소리는 자동차 소리에 묻히기도 했다. 더군다나 스님들과 편하게 어울리는 것은 불가능한 일이었다. 그러나 뭔가 모르게 누군가의 품처럼 아늑한 것은 변함없었다. 일주일에 두 번씩 청년회 법회에 참여했다. 스님들의 법문을 빠짐없이 들었고, 법우들과 시간을 보냈다. 어렸을 적 어린이 법회 때로 돌아간 기분이었다.

그때의 힘듦을 이겨낼 수 있었던 건 수행 덕분이었다. 사실 수행이 뭔지도 모르고 시작했다. 법사 스님들께서는 매번 명상을 강조하셨다. 깨끗한 거리에는 쓰레기를 쉽게 버릴 수 없듯이, 늘 마

발길 닿는 그곳에서 부처님을 친견하리

음을 깨끗이 한다면 외부의 그 어떤 행위와 감정으로부터 자신이 더럽혀지지 않을 거라고 하셨다. 도대체 명상이 무엇이기에 모두가 강조하는 것일까. 호기심 반 그리고 힘듦을 극복하고 싶다는 마음 반으로 명상을 시작했다. 아침저녁으로 하루 10분씩이었다. 습관을 만들기 위해 달력에 체크를 했다. 한 달에 반절도 채우지 못했지만 3개월, 6개월이 지나면서 달라진 나를 발견하게 되었다. 생활에 활력이 붙기 시작했다. 대인관계의 어려움을 극복하는 실마리를 찾게 되었다. 잃었다고 생각했던 나를 다시 되찾아가는 듯했다.

청년회 법우들과 놀 땐 놀면서도 함께 사찰 순례며 봉사 활동이며 불교 공부를 하는 것도 큰 즐거움이었다. 특히 "모든 것은 연결돼 있으며, 일어나는 모든 현상은 원인과 조건에 의한 결과다"라는 가르침은 단순하지만 깊은 울림이 되어 중요한 가치관으로 자리 잡았다. 그러면서 점점 궁금증이 커져 갔다. 부처님의 가르침이란 뭘까. 부처님께서 깨달으신 건 뭘까, 그리고 나는 어떻게 살아야 하는 걸까……. 정서적으로만 가까웠던 불교를 제대로 이해하고 싶다는 마음도 어느새 자리 잡고 있었다.

다시 절에 다니면서 생겨난 가족애 그리고 시련

다시 절에 다니면서 겪게 된 가장 큰 변화는 가족에 대한 마음이었다. 대학 진학 후 10년 동안 모른 체했던 건 아버지뿐만이 아니었다. 1남 6녀의 막내딸로 자란 내게는 위로 언니가 다섯, 아래로 남동생이 한 명 있다. 가족은 많았지만 밥이며 빨래며 집안 살림을 하고 아빠와 남동생을 보살피는 건 내 몫이었다. 중학생 때부터 고등학교를 졸업할 때까지 가장 역할을 도맡았던 것이다. 그래서인지 타지에서 홀로 20대를 보냈던 건 가족들로부터 도피였던 것 같기도 하다. 가족 행사가 있을 때나 명절에는 고향으로 가서 가족들과 어울리긴 했다. 그러나 몸만 함께였을 뿐 마음은 아니었다. 가족에 대한 애틋함은 찾을 수 없었기 때문이다. 그런데 언젠가부터 병원에서 홀로 지내는 아빠가 마음에 들어오기 시작했다. 아빠는 내가 대학 진학을 한 이후부터 병원으로 모셔졌다. 7남매 모두 아빠를 돌볼 여력이 없었던 이유에서다.

그 무렵 하안거 기도 입재가 시작되었다. 내게는 두 번째 안거 기도였다. 바로 이전의 동안거 기도를 통해서 내게 큰 변화가 있었다. 매일 명상과 함께 금강경을 독송했다. 당시는 청년회 법우들과 금강경 스터디를 하던 때이기도 했다. 가장 큰 고민이었던 진로 문제가 해결되는 시점이었고, 마음의 힘도 점점 길러지는 듯했다. 그래서인지 하안거 기도에 동참하는 건 자연스러운 흐름이었다.

그러나 그때는 나를 위한 기도가 아니었다. 무슨 이유였는지는 모르겠지만 매일매일 가족들을 마음에 새기며, 가족들을 위해 기도하고 싶어졌다. 기도 입재 날, 뿔뿔이 흩어져 있는 가족사진을

발길 닿는 그곳에서 부처님을 친견하리

한데 모았다. 그리고 책상머리 위에 붙였다. 옆에는 가장 좋아하는 부처님 사진도 함께 자리했다. 그리고 매일 아침, 밤마다 가족들을 위해 기도하리라 마음먹었다. 하안거 기도가 끝나는 날까지, 사진 속의 사람들이 탈 없이, 보통의 날처럼 그렇게 살아가고 있기를 기도했다.

그러나 나의 바람은 이루어지지 않았다. 백중 49일 기도 입재를 앞두고 있었으니, 하안거 기도를 반절쯤 보냈을 무렵이었다. 우리 가족 모두에게 난생처음 겪는 시련이 닥쳤다. 바로 아빠가 계시던 요양병원으로부터 아빠가 위독하다는 소식이 전해졌기 때문이다. 아빠가 요양병원에서 생활하신 지 10년이 되던 해였다.

소식을 전해 듣고 고향으로 내려가는 기차 안이었다. 그때의 심정을 어떻게 표현할 수 있을까. 옆 좌석에 앉아 있던 사람의 눈을 피해서 소리 없이 엉엉 울었다. 그동안 아빠를 돌보지 못했던 미안함과 죄책감 때문이었겠지. 이제는 아빠를 모른 체하지 말아야겠다며 다짐했는데……. 이미 너무 늦어 버렸다. 한 달 전, 마지막으로 보고 온 아빠의 모습이 생생했다. 병상 위에 깡마른 채로 누워 있던 아빠의 모습은 아프게 새겨졌다. 그러면서도 떠나지 않았던 한 가지, 그건 아빠의 업(karma)이었다.

업은 그 무렵 나를 가장 힘들게 했던 부처님의 가르침이기도 했다. 불교에서는 자신이 지은 행위는 과보로서 되돌아온다고 한다. 내가 현재 경험하는 것들은 과거 내 업의 발현이라는 가르침을 가벼이 여길 수 없었다. 그리고 자연스럽게 나와 아빠의 삶을 비추

어 보게 되었다. 대체 아빠는 어떤 업을 지었기에 자신도, 가족들
도 보살피지 못했던 걸까……. 아빠는 왜 병원에서 외롭고 쓸쓸하
게 생의 마지막을 보내야 했던 걸까……. 그리고 아빠는 왜 자신
의 업을 바꾸려고 노력하지 않았을까……. 아빠가 살아온 지난날
을 알고 있었기에 '업'이라는 말에 더 사무쳤다. 어쩌면 나는 업을
바꿔 가고 있다는 자만이었을지도 모르겠다. 그리고 다시 절을 찾
아온 게 후회되기도 했다. 차라리 업을 몰랐다면, 아빠를 떠내보
내는 이 시간이 이렇게나 힘들지 않았을 텐데.

　아빠에 대한 미안함과 죄책감, 그리고 원망은 화장터로 이어졌
다. 10여 년간 병원에서만 지냈던 아빠에겐 자유로이 여행을 떠
나기 위한 마지막 채비의 시간이기도 했다. 법우의 당부처럼 내가
할 수 있는 건 오직 기도뿐이었다.

　"옴 아모가 바이로차나 마하무드라 마니 파드마 즈바라 프라바
르타야 훔. 옴 아모가 바이로차나 마하무드라 마니 파드마 즈바라
프라바르타야 훔. 옴 아모가 바이로차나 …… 프라바르타야 훔.
옴 아모가…… 훔…….."

　그렇게 한참 동안 광명진언을 외웠다. 얼마나 외웠는지 모르겠
다. 갑자기 캄캄하고 어두웠던 마음이 환해지는 것 같았다. 눈물
범벅으로 희미했던 머릿속이 선명해지는 느낌이었다. 그러면서
지난날의 시간들이 스쳐갔다.

　어린 시절 흙냄새를 맡고 소쩍새 소리를 들으며 절 앞마당에서
쌓은 추억이 떠올랐다. 불법 인연이 시작된 소중한 시간이었다.

발길 닿는 그곳에서 부처님을 친견하리

청소년기에 아빠를 돌보던 모습도 스쳐 갔다. 나도 몰랐던 아빠에 대한 애틋함은 그때부터 키워졌을까. 대학 시절 만난 좋은 인연들도 떠올랐다. 아빠의 여행길을 배웅하기 위해 전주며, 서울이며 저 멀리서 와 준 분들이었다. 장례식장을 찾아 주신 분들의 수만큼 많은 불보살님들께서도 아빠의 여행을 외호해 주리라, 그런 믿음이 생겼다. 그리고 다시 닿게 된 불법 인연. 스님들과 법우들 또한 아빠의 배웅 길에 동참해 주셨다. 아빠는 장례식장에 가득 퍼진 스님들의 기도 음성(불법)을 지도로 삼아 여행을 떠나시겠지. 그리고 이 힘든 시간을 함께 이겨내며 서로 의지하고 있는 남동생과 언니, 형부들……

그동안 '나는 홀로 컸어'라는 생각이 뿌리 깊이 박혀 있었다. 그러나 나의 지난 시간들은 아빠를 제외하고는 설명할 수 없었다. 되돌아보니 아빠는 지금의 내가 '이란희'로 살아갈 수 있도록 만들어 준 분이었다. 나를 태어나게 한 존재로서의 의미만은 아니었다. 아빠에 대한 미안함과 죄책감, 원망이 감사함으로 바뀌는 순간이었다.

그때 다짐했다. 아빠가 홀로 병원 생활을 하셨던 그 시간만큼 좋은 마음으로 많이 베풀고 보시하기로. 그리고 그렇게 쌓인 공덕은 모두 아빠에게 회향하기로. 아빠에게 고마움을 전하기엔 10년간 쌓일 공덕으로는 턱없이 부족할 거다. 그래도 한번 해 보기로 다짐했다. 아빠에 대한 원망보다는 감사한 마음으로 여행길을 배웅할 수 있게 돼 얼마나 다행인가.

아버지를 향한 회향

아빠를 위한 10년 기도와 회향

스님의 안내를 받아 3년 기도를 먼저 계획했다. 매일매일《지장경》을 읽기 시작했다.《지장경》은 영가 천도의 의미를 담고 있다. 아빠가 다음 생에는 더 좋은 몸으로 태어나 선업을 짓고 살아갈 수 있기를 바라는 마음이었다. 출퇴근 길에는 광명진언도 외운다. 어딘가에 있을 아빠에게도 불보살님들의 지혜·자비·광명이 늘 함께한다면 얼마나 좋을까. 청년회 활동을 하며 봉사 활동에도 빠지지 않고 있다. 특히 매 안거 때마다 이뤄지는 생명살림기도법회 봉사 활동은 꼭 동참한다. 새, 물고기들을 방생한 공덕이 선망부모에게로 향할 수 있기를 바라는 마음에서다. 한 달에 한 번 천배 참회 기도는 아빠뿐 아니라 나를 위한 각오와 다짐의 시간이기도 하다.

작년 백중 기도 회향 때는 아빠를 위한 3년 기도 중 1년을 회향하는 날이기도 했다. 그 무렵 희한한 꿈을 꿨다. 아빠가 떠난 후 종종 가족들과 나의 꿈에 아빠가 나타났다. 꿈속에서의 아빠는 늘 병상의 모습이었다. 그러나 1년 기도 회향을 앞두고 내 꿈에 나타난 아빠의 모습은 이전과는 달랐다. 꿈속의 아빠는 오토바이를 타고 쌩하니 지나갔다. 내가 초등학생 때 아빠는 뇌출혈로 쓰러지기 전까지 오토바이를 타고 다니셨다. 스님께 꿈을 말씀드렸다. 네 기도 덕분에 아빠가 이제는 가장 젊었을 때, 건강한 모습으로 회복한 게 아니겠느냐고. 위로의 뜻으로 하셨겠지만 스님의 말씀은

발길 닿는 그곳에서 부처님을 친견하리

너무나 힘이 되었다.

아빠가 떠난 후 법당에서 하는 삼배도 달라졌다. 첫 번째는 세세생생 이어질 거룩한 부처님과의 인연에 감사하며 절한다. 두 번째는 어느새 인생의 나침반이 되어 주고 계신 부처님의 가르침에 감사하며 절한다. 세 번째는 부처님의 가르침으로 살아갈 수 있도록 안내해 주시는 스님들께 감사하며 절한다. 고두례를 하며 한 가지 더 보탠 게 있다. 늘 깨어 있는 마음으로 살겠다는 다짐, 그리고 내가 지은 모든 공덕은 아빠인 ○○○ 영가와 모든 일체중생들에게 회향하겠다는 마음이다. 불법 인연을 맺으며 지금의 '이란희'로 살아갈 수 있는 건 아빠와 모든 이들의 공덕 덕분이 아닐까. 오늘도 내 방의 작은 부처님께 삼배하며 나의 공덕을 그들에게 회향한다.

동국대학교총장상

가장 슬픈 이별에서 피어난 마음속 불심(佛心)

명현 오지승

나는 아주 어릴 때부터 할머니 할아버지 밑에서 자랐다. 때론 엄하지만 그 무엇보다 큰 사랑으로 나를 키워 주신 할머니 할아버지와 지낸 기억은 어디 가서 "저는 행복하게 자랐습니다"라고 자랑스럽게 말할 수 있을 정도이다. 그러나 손녀라면 언젠가 찾아올 이별의 순간을 두려워하지 않을 수가 없을 것이다. 그리고 그 첫 번째 순간은 가장 중요한 시기에 찾아오고 말았다.

내가 막 고3 수험생이 된 3월의 봄이었다. 나는 그날 학교를 마치고 바로 할아버지가 계신 집으로 갔고, 할아버지께서는 코를 골며 주무시고 계셨다. 할아버지 옆에 누워 있던 나는 한참 뒤 코 고는 소리가 들리지 않는 것을 알고는 이상한 마음에 할아버지를 흔들어 깨워 보았다. 그러나 할아버지는 눈을 뜨지 않으셨다. 내가 대학교에 들어가고, 언젠가 결혼하는 모습까지도 보아 주실 거라 믿었던 할아버지께서 주무시는 중에 돌아가신 것이다.

문을 열고 집에 들어가면 텔레비전을 보고 계시다 "지승이 왔니"하시며 지갑을 열어 꼬깃꼬깃한 용돈을 쥐어 주시던 할아버지는 화장을 마치고 흰 가루가 되어 작은 항아리 안에 잠드셨다. 주체하기 힘든 눈물과 함께 항아리를 꼭 안고 향한 곳은 서울의 한 절이었다. 49재를 하는 동안 할아버지의 평안한 영면을 위해 지금껏 내가 해 본 적 없던 간절한 기도를 부처님께 올렸다. 돌이켜보면 당시 할아버지를 위한 기도는 내가 불교와 인연을 맺고, 불교적 삶을 살아가게 된 내 삶의 가장 중요한 전환점이었다.

할아버지가 돌아가신 일은 내가 인생에서 맞이한 가족의 첫 죽음이고, 너무나 슬픈 일이었다. 입시 걱정은 생각할 겨를도 없이 할아버지에 대한 그리움과 죽음이라는 감정의 동요가 마음을 떠나지 않던 시기였다. 할아버지가 좋은 곳으로 가시길 바라는 마음으로 공덕을 짓고자 했지만, 어떤 일을 해야 할지 몰랐던 내게 때마침 '불교박람회 자원봉사자 모집' 공고가 눈에 들어왔다. 할아버지를 위한 공덕을 짓는 일이라면 무엇이라도 해 보고자 하던 중 '불교'와 '봉사'라는 말에 무의식적으로 이끌려 박람회에 참여했다.

불교박람회의 마지막 날에는 박람회장에서 언뜻 보았던 BBS 불교방송 부스가 떠올라 '만공회'에 가입했다. 이 만공회로 불교방송 법당에 영가 등불을 밝힌 것이 할아버지를 위한 영가 공덕 지어드리기의 시작이었다. 만공회 동참은 영가 등불뿐 아니라 평소 할아버지 할머니와 함께 보던 불교방송이 부처님 말씀을 전하는 콘텐츠를 제작하는 데 더 힘쓰고, 도움이 되면 좋을 것 같다는 생

발길 닿는 그곳에서 부처님을 친견하리

각으로 하게 된 것이다. 그렇게 불교박람회 봉사를 마치고 학교로 돌아간 나는 다시 학업에 몰두했다. 그리고 주말마다 할아버지 생각으로 절에 나가 108배를 하고 왔다. 108배를 하는 동안 할아버지를 생각하고, 제대로 기도 드리는 법은 몰랐어도 간절한 마음으로 부처님께 기원 드렸다.

법당을 나오는데 '조계사불교학교 청소년 법회'라고 적힌 홍보물을 보았다. 고3이라 청소년 법회 활동을 자주 나오는 것이 어렵지 않을까 생각했지만, 아직까진 본격적으로 입시를 준비하던 때가 아니라 청소년 법회의 문을 두드렸다. 불교학교에 다니고 있던 청소년 법우들과 지도 법사 스님, 선생님께서는 나를 따뜻하게 맞아 주었다.

그리고 그해 5월, 고3이지만 서울 연등회 행렬에 참석했다. 연등을 직접 만들고, 청소년 법회에서 가장 나이가 많은 고3이 행렬의 맨 앞에서 어린 학생들을 인솔해야 하는 큰 행사였다. 비가 정말 많이 오는 날이라 몸은 피곤했지만, 불만 하나 없이 이상하게 너무나 뿌듯한 마음만 들었다. 내가 지금 하는 모든 불교 활동이 할아버지를 위한 공덕이라 생각했고, 나 또한 청소년 법회 활동을 통해 웃음과 예전의 밝은 성격을 되찾아 가고 있었기 때문이었다.

연등회 이후 부처님오신날에는 청소년 법회에서 지원자를 받아 참여한 조계사 합창단에 참가해 봉축 법요식에서 음성 공양을 했다. 수많은 불자 앞에서 공연한 무대의 하늘엔 형형색색의 연등이 달려 있고, 맑은 목소리가 바람을 타고 가 부처님께도 전해지고 할아버지께도 전해지는 것 같아 마음이 벅찼다. 그렇게 부처님오신날을 보내는 동안 할아버지의 49재가 끝났다. 내가 그동안 지은 공덕이 조금이나마 할아버지의 극락왕생에 도움이 되었으면 하는 마음으로 할아버지를 보내드렸다.

할아버지를 위한 공덕 짓기로 시작된 새로운 불연

여름이 지나며 본격적으로 수험생으로서 고민을 해야 할 때가 도래했다. 당시 집안 형편상 본래 꿈꾸어 왔던 진로는 마음에만 간직한 채 대학 진학을 포기하려던 차에 청소년 법회 선생님과 상담을 나누게 되었다. 선생님께서는 "'동국대 불교학부'로 진학하는 것이 어떻겠느냐"는 조언을 해 주셨고, 신심 깊으신 할머니의 응원 속에 동국대 불교학부 진학을 목표로 입시를 준비했다.

당시 담임선생님께 동국대 불교학부를 지원하겠다고 이야기하니 처음에는 의아해하셨지만, 집안 상황과 나의 뜻을 고려해 입시자료와 면접 준비를 도와주셨다. 입시를 위한 학업 성적을 끌어올리는 것도 중요했지만, 기초 불교 지식을 익히기 위한 공부도 병행했다. 마침 서울 동국대학교에서 매년 개최되는 나란다불교교리 경시대회에 참가했고, 비록 입상이지만 제10회 나란다축제의 고등부 수상자 명단에 이름을 올리기도 했다. 그뿐 아니라 한참 수험생이던 그때, 할머니 손을 잡고 '등용문을 오른다'라는 의미에서 잉어 방생 공덕으로 합격을 기원하고자 한강에서 진행한 무차 수륙 대재 및 방생 대법회에 참여하기까지 했다.

이러한 수상과 방생 공덕의 기쁨은 잠시, 떨리는 마음으로 수시 원서 접수를 시작했다. 면접에 가서는 할아버지가 응원해 주고 있다는 생각을 안고 수험번호로 자기소개를 한 뒤, "한국불교 부흥을 위해 노력하겠습니다"라고 호기롭게 말했던 것 같다. 지금 생각해 보면 유치하고 제대로 준비가 안 된 대답이었지만, 당시 내게는 불교학부가 간절했고 청소년 불자로서 불교 부흥에 이바지하는 것이 틀린 말은 아니라는 생각이 지금의 나를 있게 한 게 아닐까 생각한다.

그 후 겨울의 시작을 알리던 11월, "동국대학교 경주캠퍼스 수시모집에 합격했습니다"라는 합격 통지서가 뜬 화면을 바라보며 나는 뛸 듯이 기뻐했다. 당장이라도 할아버지께 달려가 대학교에 합격했다는 말씀을 드리면 기뻐하시며 자랑스러워하셨으리라 믿어 의심치 않는 결과였다. 물론 할머니께서도 손녀가 집안 최초로 대학에 입학한 것을 기뻐하고, 어려운 상황에서 노력해 줘서 고맙다며 나를 꼭 안아 주셨다.

입시가 끝나고 그해를 떠나보내는 겨우내 아르바이트를 열심히 하며 학비를 벌고 또 벌었다. 불교장학금으로 학비 문제는 해결했지만, 살고 있던 곳과 거리가 먼 지역인 경주로 내려가는 것은 생각보다 부딪쳐야 하는 벽이 많았기 때문이다. 기숙사비와 생활비를 위해서라도 아르바이트에 여념이 없던 때에 조계사 불교학교

가장 슬픈 이별에서 피어난 마음속 불심

청소년 법회 졸업식을 맞이했다. 졸업식 이후 청소년 법회 선생님
께서 절의 청년회를 소개해 주셨다. 갓 스무 살이 된 청년으로서
신행 활동의 시작이었다.

청년회 입회를 위해 나는 '연수원'에 299기로 들어갔다. 그중 특
히 기억에 남는 활동은 법주사에서 진행된 동안거 해제 생명살림
봉사 (방생) 법회를 간 일이었다. 나는 공양간에서 봉사했는데, 함
께 간 모든 법우님들이 행사에 참석한 인파가 많아 힘들어도 내색
하지 않고 각자의 자리에서 봉사에 임했다. 그 모습을 보고 "보살
행을 몸소 실천하고 마음이 기쁜 불자가 되는 게 이런 것이구나"
라는 생각을 했다.

연수원 과정을 모두 마치고, 청년회 대학생회로의 회향을 앞두
고 있던 날 뜻밖의 전화가 왔다. BBS 불교방송에서 학생 때부터
만공회에 동참한 계기와 이야기를 담은 인터뷰 방송을 촬영하게
된 것이다. 인터뷰를 통해 할아버지께 드리는 편지를 바탕으로 그
동안의 신행 활동과 '생활 속 작은 보시 실천'의 경험을 전했다.
지금도 가끔 그 인터뷰 방송을 듣고 와 물어봐 주시는 분들이 있
음에 감사할 따름이다. 그렇게 또 한 번 잊지 못할 경험을 남기고
나는 경주에 내려가 불교학부 1학년으로서 삶을 시작했다.

학업 공부와 친구 사귀기에 여념이 없던 3월, 꼭 1년 만에 할
아버지의 기일이 돌아왔다. 너무 자랑스럽게 말씀드리고 싶은 것
이 가득해서일까, 영묘전에 모신 절에 가 제사를 지내며 할아버지
께서 언제나 지켜보고, 응원해 주시고 있다는 느낌을 받았다. 물

발길 닿는 그곳에서 부처님을 친견하리

론 할머니를 잘 부탁한다는 마음도 전달 받은 것 같았다. 그 후 나는 경주와 서울을 오가며 많은 신행 활동을 해 나갔다. 경주에서는 '형산강 연등 문화축제'에서 불교동아리 학생들과 함께 장엄 등 행렬에 참여하고, 연이어 서울에서 열린 연등회에 조계사 청년회 장엄 등 끌기에 참여했다. 남들이 보기엔 강행군이었지만, 내게 불교 신행 활동은 힘들다는 생각이 전혀 들지 않았다. 오히려 힘이 났다. 어엿한 대학생 불자로서 연등회에 참여해 비천상을 끌다니 너무나 기뻤다. 누군가 시켜서 하는 일이 아니라 내가 마음에서 우러나와 하는 이 불교 활동들에 마음이 벅찼다.

가피가 넘치던 봉축 기간이 끝난 후에는 조계사 청년회 대학생회의 임원을 맡았다. 이 일은 신행 활동을 넘어 내게 책임감을 느끼게 해 준 경험이 되었다. 이후에도 내 대학교 1학년 생활은 정말 멈추지 않는 불교 에너지로 가득했다. 여름에는 조계사 불교학교에서 열린 수많은 어린이와 함께한 '여름나기 물놀이 학교'에 일일 교사로 참여하고, 불교학부에서 얻은 좋은 기회로 법주사에서 진행된 '어린이 템플스테이 여름 캠프'에도 참여해 아이들을 인솔하며 지냈다. 마음에 때가 묻지 않은 아이들의 모습은 나에게도 큰 감화를 주었다.

바빴던 여름의 끝자락에서 나는 2020년 지금의 나의 신행 활동과 직결되는 새로운 불연을 만났다. 바로 한국대학생불교연합회에서 개최한 '2019 KBUF 영부디스트 캠프'에 참여한 것이다. "가치 있는 청춘, 함께하는 우리"라는 구호로 진행된 캠프에서 전국

가장 슬픈 이별에서 피어난 마음속 불심

에서 모인 대학생 불자들을 만나는 것부터가 나에겐 신선함이었다. 마치 내가 대학생으로서 할 수 있는 최고의 신행 활동을 만난 것 같은 강렬한 느낌을 받았다.

마음속 불심을 활짝 피우는 값진 경험

이후에도 꾸준히 대불련 법우들과 연락하며 맞이한 2020년에 나는 망설임 없이 58년 차 중앙집행위원 지원 신청서를 제출했다. 이 활동은 한 해의 대학생 불자 소통을 책임지고, 신행 활동을 기획 및 진행하며 중앙회장과 함께 바삐 움직여야 하는 일이다. 이 또한 나에게는 값진 경험이자 부처님 뜻이라는 생각이 들었다.

지난 4월 17일에는 코로나19로 미뤄졌던 58년차 중앙집행위원 임명식이 거행되었다. 비록 2020년에는 코로나19라는 큰 질병으로 인해 부처님 앞에 나아가고자 기획된 신행 활동들이 많이 축소되었지만, 그에 따라 온라인으로 회의를 진행하기도 하고, 대불련 유튜브를 통해 법우들과 소통하고 있다. 이는 대학생 불자들의 건강 발원과 코로나19 종식을 기원하며 생활 속 거리두기 지침에 동참하는 방법이다.

이 많은 활동을 하면서 지금까지 달려온 것이 절대 내가 뛰어나서가 아니라, 오로지 할아버지의 극락왕생을 기원하는 공덕 짓기에서 시작되었다고 생각하니 눈물이 앞을 가린다. 나는 이제 대학

교 2학년이다. 앞으로 나보다 더 훌륭한, 혹은 나와 같은 청년 불
자들의 불교 활동을 독려하기 위해 그동안의 신행 수기를 나름대
로 적어 보았다.

　나의 신행 활동은 여전히 진행 중이다. 이런 나의 멋진 모습을
할아버지께서 좋은 곳에서 지켜봐 주셨으면 좋겠다. 다시 한 번
내 마음속 불심을 활짝 피우는 계기를 만들어 주신 우리 할아버
지와 옆에서 든든하게 나를 응원해 주시는 할머니와 삼촌, 그리고
조계사 청년회와 KBUF 한국대학생불교연합회, 아낌없이 불교 공
부를 할 수 있게 해 주시는 불교학부 교수님들과 그 밖의 모든 분
께 감사드리며 신행 수기를 마무리 짓는다.

생명나눔실천본부이사장상

기적으로 핀 목숨 꽃

바라밀 이정원

봄꽃들이 찬란하다. '코로나19' 사태로 전 지구적 재앙이 덮친 중에도 약동하는 봄은 어김없이 왔다. 꽃이 꽃으로 보이고 아름다움이 아름다움인 줄 느끼게 된 지금 이 시점에 와 있음을 감사한다. 부처님 가피가 아니고서야 이런 날이 올 수 있었으랴. 폭풍우 같던 저간의 일들이 주마등처럼 스쳐 간다.

∞

지난 해 추석 이틀 전(9월 11일)이었다. 남편은 정년퇴직 후 늘 꿈꾸던 전원생활을 시작해 이것저것 농작물 가꾸는 재미와 자연을 벗하는 즐거움으로 6년여 시골 생활 중이었다. 일주일에 한 번쯤 집에 올 정도로 온갖 정성을 기울여 800여 평 농장을 아기자기 가꾸면서 전원의 꿈을 실현해 가고 있었다.

그날도 농장 일이 많다고 추석 전날 온다 했는데 웬일인지 전전날 오후 4시쯤 귀가했다. 밭에서 거둔 푸성귀며 오는 도중 시장에서 산 제수용품을 한 보따리 부려 놓더니 소화가 안 되는 것 같다며 눕는 것이었다. 마땅한 소화제가 없어 내가 갈아 준 무즙을 마시고 한 시간쯤 지났을까. 여전히 속이 좋지 않다고 했다. 그렇지 않아도 체기가 있어서 시골 읍내 한의원에 들러서 왔다기에 또 권하기가 뭐했지만 평소 다니던 동네 한의원에 가 보라는 말에 선뜻 일어서는 것이었다.

그로부터 한의원 진료가 끝나는 한 시간쯤 뒤 남편에게 핸드폰이 걸려 왔다. 한의원에서 나와 오다가 쓰러졌는데 누군가 일으켜 주어서 벤치에 앉아 있다고 했다. 평소 건강체였기에 크게 신경 쓰이진 않고 좀 어지러웠나, 의아해하며 급히 집을 나섰다. 마침 아들이 집에 있는 저녁 시간이어서 먼저 뛰어가고 나는 숨이 차 뒤늦게 쫓아가니 이게 웬일인가! 사람들이 웅성웅성 모여 있고 남편은 그 가운데 의식 없이 쓰러져 있는 게 아닌가!

그 순간의 심정은 무어라 형용할 수 없었다. 머릿속이 뒤죽박죽, 혼비백산이란 그럴 때 쓰는 말이었다. 우왕좌왕 어찌할 바를 모르는 중에도 어떤 새댁이 119 요원과 통화하는 게 눈에 들어왔다. 아들이 급하게 아빠의 입 속 피를 빨아내고 이어서 심폐소생술을 시도했지만 당황해서 허둥거리기만 할 때 한 남자분이 아들을 제치고 달려들었다. 나는 아무것도 할 수 없었다.

그러는 중 119 구급차가 도착했다. 순식간에 구급대원들이 장

발길 닿는 그곳에서 부처님을 친견하리

비를 동원, 응급처치를 하고 본격적인 심폐소생술에 돌입했다. 대원 한 분이 "심정지예요"라고 하는 순간, 머릿속이 하얘졌다. 다급한 중에 "관세음보살님 살려주세요, 관세음보살, 관세음보살……." 나도 모르게 염불이 터져 나왔다.

문득 평소 의지하던 봉녕사 주지 스님도 떠올랐다. 그 무렵 부임하신 지 얼마 되지 않아 무척 힘들고 바쁘실 텐데 그땐 그런저런 생각조차 할 여유가 없었다. "스님, 저희 집 이가 쓰러졌어요. 심정지래요." 스님께서는 놀라시면서도 간절히 관음주력을 하라고 일러주셨다.

하루아침에 중환자가 된 남편

서둘러 심폐소생술을 하던 구급대원이 숨이 돌아왔다고 알려주었다. 얼마간 안심은 되었지만 여전히 얼이 빠진 채였다. 곧바로 남편은 구급차에 탑승해 가까운 대학병원으로 떠나고 수습한 장비와 함께 우리는 뒤 차를 탔다. 한림대 동탄성심병원 응급실에 도착해 수속을 밟고 마냥 기다리는 몇 시간은 공포의 극치였다. 인공호흡기며 여러 장치를 매단 채 죽은 듯 누워 있는 남편을 차마 볼 수가 없었다. 왜 나에게 이런 일이 일어났는지, 이런 걸 마른하늘에 날벼락이라고 하는지, 꿈인지 생시인지……

한참 동안 갖가지 검사 끝에 만난 의사의 말은 너무나 절망적이었다. 심혈관 촬영 사진을 보니 기가 막혔다. 심장을 둘러싸고 있는 세 가닥 관상동맥 중 왼쪽 두 가닥은 이미 완전히 막혀 핏줄이 전혀 보이지 않아 깜깜했고 오른쪽 한 가닥으로 겨우겨우 지탱해 온 처지인데 그것마저 막혀 이 사태가 된 것이라고, 이미 오래전에 막혔던 것이고 버텨 오던 핏줄마저 막혀 어떻게 될지 모르겠다고, 뚫으려 시도했는데 안 뚫어진다고, 뇌에도 이상이 있는지 좀 더 지켜봐야 한다고……. 그건 곧 살아난다고 장담할 수 없다는 말과 같았다. 너무도 갑작스런 상황에 그저 말문이 막힐 뿐이었다.

병명은 급성심근경색! 그 밤으로 중환자실로 옮겨진 남편의 몰골은 말이 아니었다. 심폐소생술 과정에서 갈빗대도 부러지고 삽관하는 중에 이빨도 부러진 채 심정지로 인한 각 장기 손상으로 인공호흡기는 물론 산소통이며 에크모, 링거 줄을 주렁주렁 매달고 혈액을 투석하는 등, 살아 있다고 할 수 없는 상태였다. 어떤 의학 드라마에서도 못 보던 장면이었다. 퉁퉁 붓고 차디찬 팔다리를 어루만지며 나는 오열했다.

그날 밤 중환자실 앞에서 밤을 꼬박 새우며 나는 기도에 매달렸다. 밤은 왜 그리 긴지 입은 바짝바짝 마르고 새벽은 오지 않고 순간순간 절망이 파고들 때마다 마음을 다잡으려 안간힘 썼지만 너무도 황당하고 급작스러운 사태에 기도도 일념이 되지 않았다. 관음주력을 하다가 약사여래불을 부르다가 광명진언도 외우다가 갈피도 없고 두서도 없었으나 쉴 수는 없었다. 악몽 같은 밤이 지나고 아침이 밝아왔다. 주지 스님께서 전화를 주셨다. 무조건 일념

발길 닿는 그곳에서 부처님을 친견하리

으로 관음주력을 하라는 말씀이셨다. 그때부터 아들과 나는 꼬박 중환자실 앞을 지키며 관세음보살님께 정말 간절히 빌고 또 빌었다.

하루 2번 면회 시간이 있었지만 아침에 일어나면 무조건 병원으로 달려가 저녁 7시 면회 때까지 온종일 염주를 돌리고 또 돌렸다. 면회 시에는 아무 의식이 없는 남편의 귀에 대고 관세음보살 염불을 들려주며 "당신은 관세음보살께서 꼭 살려 주실 거야. 다른 생각 아무것도 하지 말고 관세음보살님만 생각해야 해"라고 주문처럼 되풀이했다.

힘겨운 날들이었다. 음식도 못 넘겼고 꼬박 날밤을 새우기 일쑤였다. 천길 벼랑에 처박히는 듯 내 몸이 몸이 아니요, 마음도 마음이 아니었지만 기도를 쉴 수는 없었다. 잠들지 못 해 한밤중이건 새벽이건 그대로 일어나 절이나 관음주력을 했다. 아침에 나가기 전 5,000독, 눕기 전 5,000독, 참회진언 "옴 살바못자 모지 사다야 사바하" 108독은 기본이고 하루 종일 염불에 매달렸다.

그런 와중에서도 남편을 잃는다는 생각은 전혀 없었다. 형제들마저 가망이 없다고 판단했는지 주변 지인들에게 알려서 면회할 수 있도록 조치하라고 했지만 나는 완강히 거부했다. 마지막이라고 믿고 싶지 않은 이유도 있었지만 결코 그런 최악의 모습을 그 누구에게도 보이기 싫었고 오로지 관세음보살님께서 지켜 주시리라는 확고한 믿음이 있었다. 갈빗대가 부러지면서 폐에도 구멍이 났고 염증 때문에 폐나 담낭의 발열로 고열이 지속되어 고강도의 해열제며 항생제를 투여하면서 버틴 닷새 후쯤 아침 일찍 병원으로부터 연락이 왔다. 가족을 찾는다고……! 그 순간 "관세음보살님 감사합니다" 나도 모르게 수없이 감사의 말을 되풀이했다.

남편은 힘겹게 실눈을 뜨고 있었다. 우리를 알아보겠느냐는 물음에 그렇다는 눈빛 신호를 보냈다. 일단 뇌에는 이상이 없다는 기쁨이 앞섰다. 그러나 그로부터 며칠은 힘겨운 필담과의 싸움이었다. 침상에 사지가 묶여 있었으므로 손가락도 자유롭지 못하고 의사 표시를 하는 데 많은 어려움이 있어 면회 시간이면 진이 빠지곤 했다. 본인도 답답하니까 삽관한 상태에서 자꾸 말을 하려고 요동을 쳐서 또한 애를 먹었다.

며칠간 겨우 얻어낸 필담의 결과는 자신이 왜 이런 상태에 와 있는지 모른다는 것이었다. 자동차 사고가 난 줄 착각을 하는가 하면 사고 며칠 전부터의 기억이 완전히 지워져 있었다. 그런 중에도 오로지 걱정은 농장일 뿐이었다.

하루빨리 심혈관 수술을 해야 할 것 같은데 모든 장기가 제 기능을 못하기 때문에 다른 장기의 안정이 우선이라며 의료진들은 계속 지켜봐야 한다는 입장이었다. 그렇게 2주간 중환자실에서의 생활은 수없이 희비가 교차하던 시간이었다. 조금씩 상태가 호전되어 에크모도 제거하고 삽관도 제거해 가면서 희망을 가지려 하면 다시 열이 오르거나 상태가 나빠지기도 하고 나중에는 섬망증으로 환청과 환시, 인지장애 등의 증세가 나타나게 되었다.

지켜보는 가족의 고통도 그만큼 가중되었는데 계속되는 충격과

발길 닿는 그곳에서 부처님을 친견하리

심신의 피로도가 극에 달해 결국 나도 응급실 신세를 지는 일까지 벌어졌다. 그래도 기도의 끈은 놓지 않았다. 관세음보살님께서 꼭 낫게 해 주시리라는 믿음으로 힘든 시간들을 견뎌내니 일반 병실로 옮길 수 있는 날을 맞을 수 있었다.

남편에게도 가족에게도 한결 안정적인 일반 병실에서의 생활이었으나 담낭관과 소변 줄 제거는 며칠이나 후에 이루어졌고, 가끔씩 열이 오르는 등 긴장과 두려움의 연속이었다. 상태가 조금씩 호전되고는 있었지만 어쨌든 심혈관이 문제였기에 갈비뼈가 부러져 꼼짝할 수도 없는데 어떻게 또 가슴을 열어야 하나 은근히 걱정이었다.

그렇게 약 열흘이 지나 관상동맥우회술 여부를 결정하기 위한 혈관조영술을 실시했다. 기적이었다. 완전히 막혔던 혈관 세 개 중 두 개가 저절로 뚫려 혈이 돌고 있다는 것이었다. 그때의 환희심은 이루 말할 수 없었다. 분명 불보살님께서 가피를 내리셨구나 생각하니 뛸 듯이 기쁘고 감사했다. 힘든 수술을 피해 스텐트 시술만으로 충분하다며 주치의도 좀체 볼 수 없었던 일이라고 감탄하는 것이었다.

10월 7일 스텐트 시술날이 왔다. 가벼운 마음으로 우리는 시술실 앞에서 관음주력을 하며 기다렸다. 그런데 웬일인가. 갑자기 원내 스피커에서 "코드 블루, 코드 블루"라는 멘트에 이어 여기저기서 수십 명의 의료진이 몰려와 시술실로 들어가는 게 아닌가! 도대체 무슨 일인지 당황해서 나는 또다시 주저앉았다.

피 말리는 시간이 흐르고 주치의의 말에 따르면, 스텐트 시술 중 또다시 혈전이 생겨 심정지가 왔다고 한다. 다행히 전 의료진의 도움으로 심폐소생술이 성공하여 생명을 건졌다며 주치의도 완전히 얼이 빠져 있었다.

일단 안도했으나 또다시 중환자실에서 줄줄이 기계 장치를 달고 누워 있게 된 본인도 본인이려니와 우리의 절망감은 깊고 깊었다. 그러나 이 또한 불보살님의 가피가 아니랴! 두 번씩 심정지가 되고도 살아나는 일은 정말 희유한 일이라고 한다. 주치의마저 남편이 그 위험한 순간을 두 번 씩이나 이겨낸 불사조라며 대단하다고 혀를 내두를 정도였다.

곧 병원 측에서 혈액은행에 저장된 혈액이 없다고 지정 헌혈을 요구했다. 직계존비속은 물론 6촌 이내 친인척이 제외되고 혈액형도 일치해야 하기 때문에 매우 힘들었다. 전혈 5개, 혈소판 5개를 준비하라는데 더구나 혈소판은 헌혈 시간도 두 시간이나 걸리고 제약 조건도 까다로웠다. 어찌어찌 애가 타도록 동분서주하여 다행히 전혈 6개, 혈소판 4개를 구할 수 있었다. 그 와중에 본인이 가슴 답답함을 호소해 검사 결과 혈전으로 막힐 뻔한 혈관에 또 한 번 스텐트 시술을 했으니 그야말로 설상가상이었다. 게다가 고강도의 혈액용해제 투여로 인해 혹시 뇌혈관이 터질 수 있어 12시간을 지켜볼 때는 정말 피가 마르는 듯했다. 오죽하면 혈전이 언제 생길지 모르니 차라리 관상동맥우회술을 받는 게 낫지 않을까, 라고 생각할 정도였다.

발길 닿는 그곳에서 부처님을 친견하리

두 번째 중환자실 생활은 본인에겐 더 힘든가 보았다. 앞선 상황이 더 심하고 좋지 않았지만 그때는 의식이 없거나 거의 수면주사로 지냈기에 모르고 지나갔던 터였다. 이번에는 의식이 빨리 돌아와 중환자실에서 별의별 상황을 다 지켜보니 더 괴롭고 힘들었던 것 같다. 수면제 투여도 별 효과가 없이 다시 섬망증이 시작되었다.

조바심 끝에 다행히 중환자실과 연계시켜 모니터링하기로 하고 초주검이 된 상태로 일반 병실로 옮기게 되었다. 일반 병실에서 한층 안정된 환경에서 지내고 유동식에서 죽으로 다시 밥으로 식사량을 조금씩 늘리니 차츰 호전되기는 했지만 체력은 바닥이고 온몸의 근육과 살은 모두 사라져 뼈만 앙상하게 남았다.

천신만고 끝에 간신히 일어서고 휠체어도 탈 수 있고 보행기에 의지해 조금씩 걷게 되기까지 약 일주일은 걸렸던 것 같다. 그러나 가장 중요한 심혈관 하나가 해결이 안 된 상태, 의료진의 고민도 깊은 모양이었다. 몸의 기능이 어느 정도 회복은 되고 혈관 두 가닥은 살아났지만 완전히 손을 못 쓸 정도로 망가져 포기한다던 나머지 혈관 한 가닥이 문제였다. 수술로 제거해야 하는데 몸이 수술을 받을 수 없는 상태였기에 일단 퇴원 후 건강을 회복해 다시 재입원하라고 했다.

어쨌거나 10월 31일, 50일 만에 퇴원해 집에 들어서는 순간 우리 가족은 서로 얼싸안고 엉엉 울었다. 감격과 서러움, 감사함이 뒤얽힌 복합적인 감정의 울음이었으리라. 그 후 정기적으로 내원하여 치료하면서 나는 밀착 간호에 들어갔다. 혈관 건강을 위한 식이요법에 힘써 하루 다섯 끼 유기농 농산물을 위주로 음식을 챙겼다. 불침번을 설 만큼 수면도 지켜봐야 했다. 언제 어찌될지 모르는 상황이 올까 봐 노심초사 그에게 몰두하는 날들이었다. 온 식구가 기도에 전념했다.

12월 17일 드디어 재입원이 결정되었다. 아침 일찍부터 온종일 여러 검사에 들어갔다. 수술을 해야 하는 상황이면 또 어떤 힘든 일을 겪어내야 하나 걱정이 태산, 매일 기도로 최선을 다했지만 불안한 마음은 어찌할 수 없었다. 하루 동안 모든 검사를 마친 뒤 이튿날 아침, 초조하게 기다리던 주치의 선생님이 오셨다. 희색이 만면하여 하는 말, 세상에! 그동안 꽉 막혀 포기했던 혈관이 다시 뚫려 혈행이 원활하다고! 수술이든 시술이든 아무것도 할 필요가 없다고! 의사 자신도 이런 기적은 처음이라고!

삶과 죽음에 대한 성찰의 시간

울긋불긋 단풍이 들기 시작한 병원 옥상에서 하염없이 염주를 굴리던 때로부터 세 계절을 거쳤다. 되돌아보면 커다란 설산 하나를 넘은 것 같다. 환자 당사자야 말할 것 없지만 주변 가족의 필설로 다 못 할 고통은 겪어 본 사람만 알리라. 피가 마른다는 말, 애가 탄다는 말이 그냥 느낌이 아닌 물리적인 표현이었다.

발길 닿는 그곳에서 부처님을 친견하리

그러나 잃은 것이 있으면 반드시 얻는 것이 있는 법. 이 또한 내게 많은 가르침을 주었다. 평소 몰랐던 남편의 소중함을, 나아가 생명의 소중함을 절실히 깨달았다. 특히 가족과 형제자매의 끈끈한 정이며 주변인들의 세세한 마음 씀씀이가 사무치게 와 닿았다. 이런 일을 겪으리라고는 상상도 못했기에 인생은 결코 자만하지 않아야 하리라는 깨달음을 얻었고, 그간 잘못 살아오지 않았는지 내 삶을 돌아보게도 되었다. 멀게만 여겨졌던 '죽음'에 대한 성찰의 시간을 갖고 그저 평범한 일상이라는 게 얼마나 소중한지도 알았다.

주지 스님을 비롯한 몇몇 지인들의 간절한 기도, 특히 친동기간 이상으로 챙겨 주고 기도해 준 올케에게도 깊이 감사한다. 50이 넘은 제자들은 무조건 헌혈을 위해 달려갔고 본인이 부적합 판정을 받으면 자녀들까지 내세워 지정헌혈에 동참해 주었다. 나중에 수소문한 결과 처음 119에 신고하고 심폐소생술을 해 준 분은 부부로 우연히 길 가다 사고를 목격하고 신속하게 조치해 주었다고 한다. 의료진의 성심성의를 다한 치료도 그렇고 내 몸같이 돌봐 준 간병인도 그렇고, 사고 소식을 접하고 농장을 알뜰히 돌봐 준 이웃도 그렇고 이렇게 감사한 일이 내 주변에 넘칠 줄이야!

그러나 무엇보다 감사한 것은 불보살님의 가피력이다. 불보살님의 가피 아니고는 일어날 수 없는 기적들이 여러 번, 사고가 난 시점과 장소도 절묘했다. 그날 집에 오지 않았더라면, 한의원에 가지 않았더라면, 12층 아파트 안에서 쓰러졌더라면 어찌 되었을까 생각만 해도 아찔하다. 사고 지점이 큰길과 가까웠고 종합병원도 부근이었다. 자료를 보니 본인이 쓰러졌다고 전화한 시각이 오후 6시 20분, 그 후 재차 쓰러졌을 것이고 119에 접수된 시각이 27분, 구급차 도착 시각이 34분, 응급 조치 후 병원 도착이 6시 45분, 골든타임 안에 모든 일이 신속히 이루어져 생명을 건질 수 있었다.

여러 가지 험난한 고비가 있었음에도 그때마다 기적이 일어나 수술을 하지 않고 그나마 여기까지 오게 되었음에 머리 숙여 감사드린다. 절체절명의 순간마다 관세음보살님이 나투신 것이 분명하지 않은가! 또한 우리 가족에게 불교라는 든든한 귀의처가 있어 위기와 시련 속에서도 잘 극복해 낼 수 있었던 것 역시 크나큰 가피이리라.

더욱 감사한 일은 아들 일이다. 사건이 일어난 후 발만 동동거리고 있을 때, 만사를 제쳐놓고 의연하게 모든 일을 처리했고 지극정성으로 아빠를 보살피면서 먹지도 못하고 매사 손 놓고 있는 나까지 보살피느라 갖은 노력을 다하였다. 아들이 아니었다면 이 난관을 결코 헤쳐 나오지 못했을 것이다. 그뿐 아니라 불교재단 유치원과 사찰 어린이법회에도 다녔지만 자라면서 불교에 대해 시큰둥했는데 태도가 180도 바뀌었다.

아빠를 살릴 수 있었던 데에는 사고 당시의 여러 정황이 평소 우리 부부가 열심히 기도를 하고 그 덕분에 불보살님께서 도와주셨기 때문이라는 확신이 들었던 것 같다. 쓰러진 날부터 추운 병실 복도에서 쉬지 않고 관음주력을 했으며 아침저녁으로 108배를 올리는 등 불심을 되찾은 것이다. 108배 기도 100일 회향을 마치고 지금은《금강경》을 매일 독송하고 있다. 이런 아들의 간절함 또한 불보살님께 닿았으리라.

오늘도 남편과 함께 집 앞 공원을 걸으며 회복에 전념한다. 천지 사방에 온갖 봄꽃들이 흐드러졌다. 그러나 저 찬란한 꽃잎도 지고 나면 그뿐, 사람의 목숨도 어찌 다르랴. 요즘 코로나 때문에 속절없이 죽어 나가는 목숨들을 보면 더욱 그렇다. 생과 사가 한 호흡 간에 있다는 스님들의 법문이 떠오른다. 살아 있다는 것 자체가 꽃 아니랴. 기적으로 다시 핀 목숨 꽃이기에 그 소중함이 사무친다.

아주 더디긴 하지만 이제 체력과 체격이 많이 호전되었고 평생 복약과 함께 섭생에 유의하며 살아야 하지만 이만 한 것도 얼마나 천만다행인 일인가. 결코 헛기도는 없다는 것을 생생한 체험으로 깨달아 더욱 기도에 정진할 것을 맹세한다. 매일 관음주력과 함께 《금강경》10독을 하며 "이 공덕을 법계 일체중생의 발보리심과 해탈과 복에 회향합니다. 특히 코로나19 사태로 생지옥을 겪는 모든 이들이 하루빨리 고통을 여의고 행복해지기를, 이 역병이 하루빨리 종식되기를 기원합니다", 라고 축원 드리며 우주 법계에 가득하신 불보살님께 감사의 절을 올린다.

108산사순례기도회회주상

관세음보살님, 사랑합니다

보현심 최정희

거룩하신 삼보님 전에 지극한 마음 다해 예경합니다.

 창밖으로 바라다보이는 4월의 봄 풍경이 눈부신 찬란함입니다. 어느덧 50대 후반을 훌쩍 넘겨 인생의 뒤안길에서 걸어온 발자취를 돌아다보니 굽이굽이 지나온 굴곡진 세월이 가슴 먹먹하게 자리합니다. 누구나 인생사 사연 없는 삶 없겠지만 저 또한 거센 파도처럼 밀려오던 시련을 피하려 발버둥치던 시간들이 다시금 고스란히 전해져 와 일부분이나마 이렇게 글로 옮겨 보려 합니다.

 온 나라가 IMF로 수많은 국민들이 힘들어할 때 십 수 년을 건축설계사로 성실히 근무하던 남편이 어느 날 갑자기 일자리를 잃고 생활이 어려워지자 청약적금 부어 어렵게 장만한 아파트를 팔고 애들 교육보험까지 해지한 금액으로 남의 땅을 임대하여 철물점을 차려 생전 처음해 보는 가게에서 아이 둘과 우리 네 식구가 생활하게 되었습니다.

관세음보살님, 사랑합니다

충분히 고심하며 진중히 준비한 게 아니라 막연한 생각으로 가게를 시작한 거라 장사가 잘될 리 만무하였습니다. 별다른 방법이 없는지 속수무책으로 덤덤히 지내는 남편이 못 미더워 약골인 제가 생각지도 못한 식당 서빙업과 공공근로 일까지 다니며 서러움에 눈물도 많이 흘렸습니다. 무엇보다 그 무렵 이 지경까지 만든 남편을 부단히 원망하기 시작했습니다.

남편의 사업 실패, 원망과 우울의 날들

장사가 되지 않는 가게를, 벌어 둔 돈 하나 없이 어디 마땅히 옮길 수도 없게 되자 부득이 그곳에서 겨우겨우 월세를 주며 20여 년을 버티다 결국은 접게 되었습니다. 건물 지을 때 들어간 수천만 원의 돈과 주택은 고스란히 두고 나와야 하는 형편이었습니다. 계약할 때 남의 땅을 임대해 지은 건물이라 어쩔 수 없다 하였지만 그런 결정을 한 남편이 너무나도 원망스러웠습니다.

두고 나온 건물이 아까워 괴로운 나날로 건강이 자꾸 나빠지기 시작했습니다. 가정경제도 밑바닥까지 내려가 몇 날 며칠 아니 몇 년을 온몸으로 걱정하며 극심히 힘들어 심장에 이상이 생겼습니다. 심장협심증 시술도 하고 척추관 협착증으로 장기간 입원도 하고 여러 질병이 몸을 덮쳤을 때도 오직 앞으로 어떻게 살아야 할까, 목전까지 올라온 그 한 생각에 사로잡혀 괴로워하며 하루하루

발길 닿는 그곳에서 부처님을 친견하리

를 짜증과 분노심으로 버티며 자신을 학대하며 지냈습니다.

당시에 다행히도 저는 결혼 전부터 불교 청년회 때부터 불심이 돈독했던 불자로서 결혼 후에도 끊임없이 종교 생활을 하며 통도사 신행 단체에서 총무 소임을 수년째 맡아하며 작지만 봉사를 하며 신심을 쌓아 가고 있었습니다. 하지만 법력의 힘이 약해서인지 절망감에 그냥 주저앉기 일쑤였습니다. 그러던 차에 남편이 또다시 일을 저지르고 말았습니다.

어느 날 시댁 어른들이 유산으로 남기고 가신 여러 형제 몫의 땅에 동업으로 빌라 두 동을 지어 분양하겠다는 겁니다. 그래서 동업은 반대라고 했더니 "괜찮다고…… 믿을 만한 사람"이라며 고집을 부렸습니다. 결국 고집대로 무조건 일을 진행하게 되었습니다. 지금 생각해보면 그때 극구 못 말렸던 자신이 원망스러울 뿐입니다.

어느 정도 건물이 올라가자 동업하던 사람이 거액의 도박으로 건축자재비랑 시댁 땅 등을 모두 탕진해 버리고 말았습니다. 그 사람이 빌린 3억이라는 금액을 보증하며 사인까지 한 남편이 그 모든 걸 떠안게 되었습니다.

하늘이 무너진다고나 할까요? 아니면 억장이 무너진다고나 할까요?

무뚝뚝하지만 무던하고 선한 성격의 남편은 어인 일인지 내가 괴로워하자 위로는커녕 "사업하다 보면 그럴 수도 있고 이보다 더 많은 액수를 잃을 수도 있다"며 오히려 무책임하게 행동하였습니

관세음보살님, 사랑합니다

다. 남편의 그런 처사에 기가 막히고 도대체가 이해할 수 없었습니다. 이 사람 저 사람 찾아다니며 하는 데까지 눈물로 호소하며 조금이나마 손실을 줄이려 온갖 노력을 다 해 봤지만 도무지 그 어느 것 하나 해결될 기미가 없었습니다. 점점 더 어두운 나락으로 깊이 빠져 들어가는 삶 앞에 마시지 못하는 술로 괴로움에 괴로움을 더하며 1차 화살, 2차·3차 화살을 맞으며 우울증과 무기력증에 빠져 오랜 세월 사람들도 형제들도 외면한 채 지냈습니다. 온종일 실체가 없다는 괴로운 마음만 껴안고 고통을 고스란히 마주하고 지내다 어느 날 문득 길을 나섰습니다. 혼자서는 어디 먼 길을 잘 못 가는 성격임에도 불구하고 용기를 내어 '구인사 4박 5일 기도나 한번 하고 오면 답답해 죽을 것만 같은 마음이 좀 나아지려나' 하고 길을 나섰습니다.

수많은 인파 속에서 밤을 새워 관음정근을 하며 '억울하게 다 빼앗기고 세 채 남은 빌라가 하루속히 분양되어 남편의 소송 건이 해결되어 구속만은 피해 주십사' 하고 많은 불자님들과 고성 정근으로 뜨거운 눈물을 흘리며 관세음보살님을 목이 터져라 부르고 또 불렀습니다. 그러다 앉은 채 깜빡 잠이 들었는데 '하얀 두루마기를 입으신 할아버지께서 남편이 지은 빌라 입구에서 봉투 세 개를 들고 계시다가 그중 두 개를 주시더군요. 그래서 제가 꿈속에서도 애태우며 한 개도 마저 주세요' 했더니 흰 봉투 하나를 뒤로 가져가시며 '이건 나중에……' 하시더군요.

그러고 나서 거짓말처럼 곧바로 두 채를 분양하여 갚을 돈을 갚

발길 닿는 그곳에서 부처님을 친견하리

고 한 채가 남게 되었습니다. 나머지 돈도 갚아야 하는 절박한 시기라 그즈음 시간만 나면 통도사 관음전에서 기도하다 저녁 예불을 올리고 어둑해진 길을 달려 무거운 심신을 이끌고 집으로 돌아오곤 했습니다. 그날도 관음전에서 점심 공양 후 노곤해진 몸으로 천주를 돌리며 꾸벅꾸벅 졸다 비몽사몽간에 관세음보살님 명호를 부르며 손실이 나도 좋으니 빌라 한 채가 하루속히 분양되어 억울하게 진 빚이 조금이나마 줄어들게 해 달라고 기도했습니다.

그런데 바로 그때 여의주라고 할까, 관세음보살님께서 투명하고도 맑은 큰 구슬을 기도하며 앉아 있던 제게 휘익 던지시는 겁니다. 순간 화들짝 놀라며 받았답니다. '이상한 일도 다 있네'라며 또다시 경건히 관세음보살님을 부르다 졸다 천주를 돌리고 있는데 또다시 조금 전과 똑같이 관음전 연화좌대 위의 관세음보살님께서 여의주를 던져 주시는 겁니다. 저는 또다시 잠결에 놀라며 던져 주신 여의주를 무릎을 들썩이며 '어이쿠' 하면서 두 번이나 제 품으로 덥석 받았습니다.

참으로 믿기 어려운 경험이었습니다. 지금도 그 생각만 하면 환희로움으로 가슴이 떨리는 생생한 체험이자 관세음보살님의 가피랍니다. 그뿐 아니라 바로 그 순간 휴대폰 진동이 울리기에 받아 보았더니 빌라를 보고 싶다는 연락이었습니다. 기도하다 나가서 곧바로 집을 보여 주자 그 자리에서 처분이 이루어졌습니다. 이 또한 믿기 힘든 관세음보살님의 불가사의한 가피를 가슴 절절히 느낀 순간이었답니다.

못난 나에게, 기도도 건성으로 울며 겨자 먹기로 억지로 한 이 미진한 중생에게도 관세음보살님께서는 자비심으로 따듯이 굽어 살펴주셨습니다. 가슴속 가득 불보살님에 대한 확고한 믿음이 있었기에 그런 가피력을 주신 거라 여기며 그 은혜에 언제나 감사 기도 올리는 나날입니다.

그렇다고 제 고난이 여기서 끝난 건 아니랍니다. 그렇게 남편은 새로 찾은 직장에서 성실히 근무하고 평범히 살아가던 차, 1년 전 한때 비트코인이 유행할 때 아들이 대학 졸업 후 물질적으로 힘든 집안에 조금이나마 보탬이 되고자 했다며 저 몰래 남편이랑 많은 대출을 내어 투자한 게 큰 빚이 되었습니다. 또다시 원망과 분노심이 올라와 갱년기 화병까지 생겨 심장협심증 척추관협착증으로 온몸 구석구석이 아프지 않은 곳이 없을 정도로 괴롭고 답답해 죽을 지경이었습니다.

남편만 보면 예전에 저질렀던 일까지 합세해 미운 감정으로 미칠 지경까지 이르렀답니다. 1년 가까이를 이혼하자며 싸우다 원망하다 지쳐 갈 무렵 정신적으로 피폐해져 자꾸만 망가져 가는 삶을 돌아보며 더 이상 불자로서 이렇게 살아서는 안 되겠다는 부끄러운 마음이 올라왔습니다.

예전부터 들어온 스님들의 법문, 불교방송 주파수를 마음 밭에 심어 놓고선 매일 시청하고 차를 타고 운전하면서는 불교방송 라디오를 청취하였습니다. 집에서는 딸과 함께 매일 108배 절수행과 명상으로 나를 돌아보는 시간을 가지며 한 달에 한 번은 꼭 통

발길 닿는 그곳에서 부처님을 친견하리

도사 신행 단체에서 철야를 하였습니다. 20여 년을 함께하며 그동안 선지식 스님들께서 일러 주신 그 모든 건 나의 업이자 남편을 미워하고 원망하는 것 또한 내 생각 내 마음에서 일으킨 분별심이자 망상이라는 걸 깨달았습니다.

그리고 한 달 전쯤 잠이 오지 않아 새벽녘까지 이리저리 몸을 뒤척이며 잠을 청하려는데 문득 가슴속에 가득 찬 희열이랄까? 법열이랄까? 갑자기 감사한 마음과 주체 못할 행복감이 밀려와 밖에 나가 큰 소리 지르며 그 기분을 만끽하고 싶은 충동을 느꼈습니다. 술 마시고 들어와 곁에 자던 남편에게도 감사하고…… 이렇게 누울 공간인 집이 있다는 것도 감사하고…… 그 순간은 세상 모든 것에 감사한 마음이 사무치게 올라왔습니다.

지금은 그렇게 원수처럼 밉던 남편에게 감사의 삼배를 올립니다. 그 사람도 그동안 얼마나 힘들었을까? 스님들 법문으로 수없이 들었던 '회광반조(回光返照)'라는 뜻이 깊이 헤아려지며 나의 고통에 가려 그의 괴로움 따위는 보이지가 않았음을 참회했습니다.

오직! 이 순간, 여기를 살아가라

뜨거운 눈물을 진정 가슴으로 흘리며 진참회하고 나니 내가 그얼마나 어리석은 존재였는지 깨닫고 또 깨닫습니다. 각 사찰에서 행하는 불교대학 경전반을 해마다 입학하며 체계적으로 불법을 배워 가며 세상에서 가장 행복한 마음공부를 합니다.

몇 해 전부터는 명절 때마다 우리 전 가족이 사찰에서 행하는 템플스테이에 참여하고 있습니다. 시댁과 친정 나들이 가듯 함께 동행하며 가족간의 화합과 불심으로 내면의 평화로움을 발견하고 있습니다.

내 인생에서 어두운 절망감으로 뜨거운 눈물지으며 막막해하며 괴로워하고 있을 때 불법을 만나 밝은 광명의 삶으로 변화하면서도, 생활불교로서 정녕 부처님 가르침은 저 먼 곳에 있는 게 아니라 내 곁에 언제나 내 맘 속에 항상 함께 있었던 걸 몰랐던 겁니다. 정녕 불보살님의 가피는 기적이나 특별한 게 아니라 나 자신을 돌아보고 알아가며 내 앞에 다가온 시련이나 고통들 그 모두가 나의 업임을 깨닫고 상대를 원망하지 않고 스스로 그 세찬 삶의 파도를 피하지 않고 당당히 마주할 수 있는 법력이 가피력이자 깨달음이란 걸 자각합니다.

지금 우리 가족이 처한 빚이 걱정은 되지만 이렇게 가족 모두 건강히 생활할 수 있음에 감사하며 작게나마 불교 단체에 봉사, 보시하는 삶의 법향 속에서 나날이 감사하는 마음으로 청복한 인생길을 터벅터벅 걸어가는 나는 행복한 불자입니다.

예전처럼 큰 고통 앞에서 상대를 탓하고 원망하고 미워하며 지냈던 어리석음을 이제는 나 자신을 돌아보고 참회하고 성찰해 나갑니다. 기도, 수행 정진하며 부처님께서 가르쳐 주신 '오직! 이 순간 여기를 살아가라'는 참된 삶의 방향을 알아 갑니다.

발길 닿는 그곳에서 부처님을 친견하리

이 글을 마치니 깊은 밤이 찾아왔네요. 습관처럼 액자에 고이 모셔 둔 통도사 백의 관세음보살님 탱화 앞에 엎드려 지나온 업장을 참회하며 삼보님 전에 예경 올리며 가족들에게도 삼배를 올립니다. 이 세상 모든 일체중생을 위해서도 삼배를 올리며 오로지 모든 것에 감사함의 절도 빠지지 않고 지극히 올립니다.

그다음 굵은 합장주를 관세음보살님 자비의 손이라 여기며 한 알 한 알 돌리며 잠들 때까지 함께 기도합니다. 아니 잠결에도 돌리며 관세음보살님과 함께 잠들고 동행하며 그분은 내 인생에 언제나 나와 함께하십니다. 삶의 매 순간 찾아온 많은 시련 속에서도 이렇게 인고의 세월을 견딜 수 있었던 건 내 가슴 깊이 깃든 불성이었음을 느낍니다.

앞으로 남은 생은 부처님, 불보살님, 수많은 스님들의 가없으신 은혜에 보답하기 위해서라도 정법 속에서 참 불자 되어 불법 포교하는 등불이 되어 보살행을 실천하며 살아가길 굳게 서원합니다. 관세음보살님께서 제게 주신 깊은 사랑! 이제 저도 관세음보살님께 사랑으로 보답하겠습니다.

관세음보살님, 사랑합니다.

끝으로 이 법연과 인연향을 주신 조계종단, 《법보신문》 관계자 분들과 모든 불자님들께 감사함의 두 손 공손히 모읍니다.

포교사단장상

부처님 터전에서 행복합니다

원각행 어경희

부처님 터전에서 20년째 살고 있습니다. 부처님을 만나지 않았다면 낙산사에 계시는 관세음보살님을 만나지 못했더라면, 지금 어딘가에서 상상도 할 수 없을 만큼 힘든 삶을 살고 있을 겁니다.

42세에 하체마비가 오기 시작해서 44세에는 혼자 일어서고 눕고 걷기도 힘들고 차를 타기도 힘들었습니다. 두 아들 교복을 다리미로 다려서 깔끔하게 해서 학교에 보내야 하는데 다리미질을 할 수가 없어서 엎드려서 해도 안 되고 서서 할 수도 없고 눈물로 하루하루를 살고 있었습니다.

그러던 어느 날 큰아들이 고3일 때 한 달에 한 번 마지막 일요일이 쉬는 날이어서 겨우 작은아들에게 부축을 받으면서 밥을 했어요. 큰아들은 자고 싶다고 하는데 작은아들이 "형아, 밥 먹어. 새 밥이야" 하는데 눈물이 쏟아졌어요. 밥도 못 해 주는 엄마였던 것이지요.

두 아들이 얘기했어요. "우리도 종교가 있었으면 좋겠다"고 작은 아들이 말하더군요. 하느님한테도 기도할 수 없고 부처님한테도 기도할 수 없으니 조상님, 우리 엄마 다른 엄마들처럼 건강해서 차도 태워 주고 따뜻한 밥도 해 주면 좋겠다고 기도를 한다는 말에 울컥했습니다. "아들아, 그럼 우리도 종교를 갖자"고 했더니 두 아들이 "좋아요" 했습니다. 그럼 어느 종교를 가지면 좋겠느냐고 물었더니 할머니, 큰엄마처럼 우리도 부처님을 믿고 싶다고 해서 부처님을 찾았습니다.

집에서 가까운 경포에 있는 인월사에 갔습니다. 어머니처럼 자상하신 비구니 스님 두 분께서 반갑게 맞아 주셨습니다. 후배가 날마다 와서 혼자는 걷지도 못하는 저를 데리고 인월사를 찾았습니다. 부처님 앞에서 울기만 했습니다. 큰아들 수능시험 보는 날 시험지를 앞에 놓고 앉으니 누워 있는 엄마 얼굴만 가득했다는 얘기를 듣고 많이 미안했습니다.

목표에 미치지는 못했지만 큰아들을 서울에 있는 4년제 대학교에 보내 놓고 작은아들 고등학교 2학년 때 수술을 하러 서울로 가야 했습니다. 척추 4개가 삭아서 인공뼈를 넣어야 하는 힘든 수술이었습니다. 수술하러 서울로 가는 날 어머니가 다니시는, 대관령 아래 보현사에 계시는 부처님을 찾아갔습니다. 남편은 저를 안아서 뒷자리에 눕혀 놓고 두 아들을 데리고 법당에 가서 기도하고 내려왔습니다.

서울 아산병원에 입원을 했습니다. 걷지는 못하고 앉아서 손으로 땅을 짚고 다녔습니다. 성공 확률은 50%였지만 10시간 동안 힘든 수술을 하고 정신을 차리고 보니 중환자실이었어요.

나 하나의 삶에 애착은 없었습니다. "아내의 자리, 엄마의 자리를 지키게 해 주세요" 하고 부처님께 기도를 했습니다.

부처님의 가피를 받아서 재활 기간 6개월 동안 정말 힘들었습니다. 목 밑에서 엉덩이까지 보조기를 하고 로봇처럼 걸을 수 있었습니다. 그러던 어느 날 작은 아들이 "엄마 드릴 말씀이 있어요. 엄마 수술하러 가시던 날 부처님 앞에서 맹세를 했어요" 하더군요. "부처님 우리 엄마 수술 잘되어서 걸을 수 있게 되면 부처님 제자는 될 수 없지만 부처님을 믿는 불자가 되겠습니다" 하고 부처님께 약속을 드렸다고 했답니다.

아들의 기도가 부처님께 전해진 것 같습니다. 혼자 겨우 걸을 때쯤 친정어머니가 돌아가셨습니다. 엎드려 절도 못 드리고 서서 울기만 했습니다. 장례식을 치르고 돌아와서 날마다 인월사에 계신 부처님 찾아뵙고 경포호수를 걸으면서 운동을 했습니다. 관세음보살님을 부르면서 하루하루가 행복했습니다.

부처님 가피로 보조기 없이도 걸을 수 있게 된 어느 날이었어요. 일산에 사는 여동생이 친정어머니가 떠나시고 나서 어머니를 못 잊어 날마다 울면서 꿈에라도 오시라고 기도를 했답니다. 그러던 어느 날 집에 어머니가 오셨는데 무서워서 살 수가 없다고 했어요. 주방이든 방이든 화장실까지도 어머니가 따라다니셔서 무서워서 살 수가 없다는 거예요. 저는 동생 머리에 이상이 생긴 줄 알았답니다.

그래서 일산 동생 집에 갔답니다. 동생 손을 잡고 자려고 누웠는데 정말 어머니가 느껴지고 한숨도 잘 수가 없었습니다. 스님께 말씀을 드렸더니 천도재를 지내드려야 한다고 하셨습니다. 천도재를 드리고 나서 동생 꿈속에서 어머니가 선녀복을 입고 하늘로 올라가시고 나서 어머니가 집에서 떠나셨다고 했어요. 부처님의 가피를 받았습니다.

2001년 우연히 낙산사가 좋아서 부처님 터전으로 이사를 왔습니다. 뒤에서 아들이 밀어 주면 낙산사까지 걸어갈 수 있었어요. 하루하루가 정말 행복했습니다. 그런데 2005년 4월 5일 양양 산불로 인해서 낙산사에 화마가 덮쳤습니다. 신기하게도, 불상이 모셔져 있는 법당은 화마가 피해 가는 걸 보았어요. 부처님께서 살아 계시다는 걸 알았습니다.

저는 전 재산이 쌓여 있는 건어물 가게를 두고 피할 수가 없었습니다. 그 당시 봉정암에서 낙산사로 오신 금곡 주지 스님께서 재산은 서천의 구름이니, 천재를 어찌 이기려 하느냐며 밖으로 나오라고 하셨습니다. 상가 사람들에게 밖으로 피신하라고 하신 분이 금곡 주지 스님이셨어요. 부처님의 손길이었습니다. 날마다 낙산사에 올라가서 울었습니다.

사월 초파일. 금곡 스님 법문을 들으면서 고맙고 감사해서 뜨거운 눈물을 흘렸습니다. 나무가 없으니 꽃이 없고 꽃이 없으니 온갖 새들의 울음소리도 없지만 다시 예전의 아름다웠던 모습을 만드시겠다고, 모든 불자님들의 꿈을 이루어 주시겠다고 말씀하셨습니다.

꿈이 이루어졌습니다. 꿈이 이루어지는 낙산사입니다. 낙산사에 이사 와서 큰 수술을 두 번 더 했지만 부처님 터전에 온 이후로는 수술하러 가면서도 두려움이 없어졌습니다. 부처님이 돌봐 주시니 수술도 잘되었습니다.

저는 수술을 하자면 수혈 거부 반응으로 수혈을 받을 수가 없어서 자가수혈을 해야 합니다. 1주일에 한 번씩 서울로 가서 수혈을 해서 보관을 해야 합니다. 신장결석 수술을 준비하느라 그만 백중기도를 깜박 잊고 수술을 하게 되었습니다. 중환자실에서 꿈을 꾸었는데 친정어머니가 배가 고파서 밥을 훔치다 들켜서 맞는 꿈이었어요. 정신을 차리고 보니 백중기도 입재를 못하고 이틀이 지나 있었어요. 아들에게 부탁하여 낙산사에 전화해 백중기도 입재를 하고 일반 병실로 오자 꿈속에서 어머니가 환히 웃으며 옥색 한복을 입고 손을 흔들면서 가셨습니다. 기도도 많이 못 하는 저에게도 부처님은 많은 가피를 주셨습니다.

복은 지은 만큼 받는 거라고 금곡 스님께서 말씀하셨습니다. 저에게 주어진 시간이 얼마나 될지 모르지만 부처님 가르침을 배우면서 나로 인해 속상한 사람 없고 나로 인해 한 사람이라도 행복할 수 있도록 부처님 말씀을 가슴에 새기면서 주어진 일에 최선을 다하겠다고 자신과 약속합니다.

지난 가을 남편이 뇌졸중 진단을 받았을 때 하늘이 무너지는 줄 알았습니다. 남편을 입원시켜 놓고 홍련암에 계신 관세음보살님께 울면서 기도했습니다. 건강하게 남편 퇴원을 하게 된 것도 부처님 가피라 생각합니다. 사실 저는 한쪽 눈이 4년 전에 보이지 않게 되었어요. 망막중심정맥폐쇄. 사물이 깨지고 알아볼 수가 없고 오른쪽 한 눈으로 앞을 보면서 살고 있지만 남편과 두 아들 며느리, 손주들이 건강할 수 있음에 오늘도 감사합니다.

어려운 이웃을 위해 불철주야 고생하시는 금곡 주지 스님 존경합니다. 처음으로 써 보는 글이라 두서없음에도 읽어 주셔서 감사드립니다. 낙산사 주차장에 살고 있는 원각행입니다.

발길 닿는 그곳에서 부처님을 친견하리

바라밀상

제행무상

보련화 신아윤

내가 기억하는 유년 시절은 따뜻한 방바닥에 배 깔고 엎드려 염불을 들으며 부업하시는 엄마 곁에서 숙제하던 기억이 전부다. 마치 사진의 한 장면처럼. 그때는 그게 무슨 소리인지, 왜 엄마는 늘 재미없는 노래를 듣는지 몰랐다. 나중에 알게 된 사실이지만, 명을 짧게 타고났다고 말씀하셨다던 외할머니의 말씀을 굳게 믿으셨던 엄마는 부처님께 당신 스스로 장수하게 해 달라고 맘속으로 빌으셨던가 보다. 하지만 외할머니 말씀대로 엄마는 36세 되던 가을에 내가 초등학교 4학년이 되던 해에 돌아가셨다. 그 후 나에게는 두 번 더 엄마가 생겼다.

사춘기 시절, 난 자라면서 늘 슬펐고 암울했고, 웃음을 모르는 애였다. 친엄마 없는 외로움, 가난, 무관심, 마음 둘 곳 없이 그냥 그렇게 허공에 둥둥 뜬 채 진회색 빛 같은 삶을 살다가 도피하듯이 결혼을 했다.

결혼 후 예쁜 딸이 태어났지만 산후우울증인지 난 그애를 안고 밤새 울었고 태어나게 해서 미안하다고 했다. 사는 게 별로 기쁘지 않은데 너를 왜 낳았는지 모르겠다고 했다. 남편이 아무리 속 깊게 잘해 주어도 고마운 줄도 몰랐고 하나뿐인 딸이 손을 내밀어도 따뜻이 그 조그만 손을 잡아줄 줄도 몰랐다. 나이 마흔이 다 되도록 삶의 즐거움, 고마움을 몰랐고 감정이 없는 사람처럼 모든 것이 무덤덤했다.

그렇게 살다가, 그동안 지내던 엄마 제사를 더 이상 지내지 않겠다는 아버지 말씀에 둘째 딸인 내가 집에서 지내기도 남편 보기 민망하고 하여 지인의 소개로 절을 찾게 되었다. 난생처음 가 보는 절이었다.

절을 할 줄 몰라서 스님께 배웠다. 절에 엄마 위패를 모시고 나오려는데 스님께서 3주만 매일 와서 기도를 하라고 했다. 매일 와서 《천수경》을 읽고 가라고 하셨다. 그게 기도라고 하시면서, 원하는 게 있으면 부처님께 빌어 보라고도 하셨다. 하지만 뭘 원하는지, 누구를 위해 기도하는지 아무 생각도 안 났다.

차츰차츰 생각이 정리되기 시작했고 남편과 딸, 우리 가족 건강하고 행복하기를 빈다고 했다. 그랬다. 나에게 제일 소중한, 그동안 모르고 있었던, 나만 바라보던 우리 가족을 그때서야 깨달았다. 내가 변화하기 시작했다. 절에 다니며 속까진 몰라도 겉으로는 일단 변했다. 남편과 딸을 부처님 보듯이 보라고 하시는 스님 말씀을 따랐다.

내가 변하니 주변이 다 변했다. 남편도 편안하고 딸도 엄마가 변했다며 좋아했다. 나도 처음으로 행복이란 걸 느꼈다. 말로만 하던 기도가 진심이 되고 그동안 못했던 내가 미안했다.

108참회문도 읽고 법정 스님의 책 《진리의 말씀》 《숫타니파타》 등을 읽었다. 여기저기서 부처님 말씀에서 진리의 답을 구했고, 그것은 내가 모르고 걸어왔던 회색 길을 밝은 연등 불빛으로 인도해 주셨다. 하루하루가 행복으로 충만하고 기뻤고 걱정이 없었다.

그러던 어느 날 남편이 사업 중에 보증을 서 준 친구의 배신으로 어음이 부도가 났다. 상당히 큰 액수였고, 그 일로 남편은 감옥에 갔다. 이사하려고 계약금을 치른 마당에 암담했다. 감옥 안에서 남편은 애가 탔다. 담담하게 감정에 치우치지 않고 6개월 면회를 다니며 남편을 안심시키고, 돈을 마련하여 이사까지 했다. 남편더러 걱정 말라고 나 믿으라고 하며, 큰일이 생기니 오히려 담대해졌다. 여기저기서 돈을 빌리며 차분히 일을 진행했다. 어디서 그런 마음의 힘이 나왔는지…….

더 큰 일은 남편 출소 후 생겼다. 그동안 얼마나 속을 끓이며 힘이 들고 마음 상했으면, 남편은 몸무게가 20킬로그램 이상이 빠져 있었다. 병원에 가서 건강검진을 해 보니 큰 병원에 가서 갑상선 검사를 해 보란다. 부랴부랴 큰 병원에 가서 검사를 해 보니 '갑상선역형성암'이란다. 앞으로 살 날이 2개월밖에 없으니 가족사진이라도 찍으란다. 아무도 원망을 하지 않았다. '그저 살아 있는 동안에 이 사람 아프지 않게 해 달라'고 부처님께 빌었다.

발길 닿는 그곳에서 부처님을 친견하리

6개월의 항암, 30회의 방사선 치료가 계속되었다. 남편의 러닝 셔츠는 목둘레를 다 오려서 입혔다. 방사선 후유증으로 목 주변에 화농이 생겨서였다. 매일 거즈를 몇 번씩 갈며 암에 좋다는 건 다 찾아 해 먹이며 그렇게 1년 6개월을 버텼건만 남편은 내 곁을 떠나갔다.

1년 6개월 동안 남편은 몸이 불편해도 마음은 흡족해했다. 우리는 신혼처럼 손을 맞잡고 골목을 거닐었고, 같이 먹고 같이 자고 하루 24시간을 꼭 붙어 있었다. 부처님께 빌었다. 이 사람 이대로 암과 함께 있어도 더 오래 내 곁에 있게 해 달라고……

마지막 중환자실로 들어가서 임종을 마치는 순간까지 남편은 평온하게 나만 보면 웃었다. 남편에게 말했다. "무서워하지 말고 밝은 빛만 따라가라고, 스님께서 말씀하셨다"고. 그리고 면회 때마다 찬불가도 부르고 통통 부은 팔과 다리를 주물러 주었다.

지금 나는 작은 사찰에서 회장을 맡고 있다. 딸은 그 어려움 모두 견뎌 내고 미국 캘리포니아주의 한 로펌에서 일한다. 여기까지 오면서 부처님을 믿는 마음이 없었다면 그 정신적인 내면의 힘이 과연 내게 있었을까 싶다.

답은 부처님께서 모두 알려 주셨다. 진리의 스승이신 우리 부처님! 가피를 내려 주시고, 복과 지혜를 주시는 부처님. 부처님을 찬탄하며, 오늘도 나는 행복합니다.

바라밀상

아름다운 나의 황혼을 위하여

묘법화 한경희

나의 어린 시절은 그리 행복하지 않았다. 아니, 불행 그 자체였다. 권위주의와 남존여비 사상이 강한 아버지, 그리고 그런 남편이 두려워 자식을 당신의 방패막이로 내세우며 자식이 학대당하는 모습을 지켜보면서도 수수방관하는 어머니로 인해. 그렇다고 아버지가 병적으로 폭력적인 사람도 아니었다. 나는 아버지를 원망하면서도 남들이 욕하는 것은 싫어 변명을 늘어놓곤 했다.

숨기고 싶고 부끄러운 나의 이야기를 소개할까 한다. 내 나이 열네 살 중학교 여름방학 때 일이다. 언니의 심부름으로 새마을금고에 저금을 하러 갔다. 금액이 얼마나 되는지 잘 기억이 나지 않는다. 그런데 저축을 하라고 준 돈의 일부로 군것질을 하고는 남은 돈만 은행에 넣었다. 어린 마음에 찐빵 가게 옆을 지나가다가 김이 모락모락 피어오르는 것을 보고는 참을 수가 없었던 것이다.

큰일을 내고 말았다. 정신을 차리고 나니 문득 겁이 났다. 그래도 집으로 갔어야 했는데, 아버지가 무서워 그만 도망을 쳤다. 군 것질하고 얼마의 남은 돈으로 무작정 서울행 열차를 탔다. 나는 항상 기회만 있으면 이 지긋지긋한 곳에서 벗어나리라 생각하곤 했다. 요즘 같으면 문제아 중의 문제아였다.

서울에 도착했다. 도시의 높은 빌딩들, 빵빵거리는 자동차들, 거리를 오가는 사람들은 저마다 바쁘게 움직인다. 나 혼자 하릴없이 이리저리 방황하면서 주위를 살펴봐도 갈 곳이 없었다. 갑자기 너무 무서웠다. 다시 대구로 가야겠다는 생각을 했다. 대구행 열차를 탔다. 대구에 도착하니 그래도 고향이라 마음은 좀 편안했다.

그러나 막상 대구에 도착하니 갈 곳이 없기는 마찬가지였다. 집에 가려니 언니 잔소리와 아빠의 매질이 더 무서웠다. 나는 무작정 좀 부잣집으로 보이는 집의 초인종을 눌렀다. 주인아주머니가 나왔다. 나는 얼떨결에 혹시 식모를 구하지 않느냐고 물었다. 아주머니는 어린 여자아이가 딱해 보였는지 나를 안으로 데리고 들어갔다.

나는 그 아주머니가 얼마나 반가웠는지 모른다. 아주머니는 어린 나를 아래위로 쳐다보면서 몰골을 자세히 살피셨다. 아주머니는 "밥은 먹었니?" "집은 어디니?" "부모님은 계시니?" 이것저것 물으시더니 먹을 것을 주셨다. 배가 고팠던 터라 맛있게 먹었다. 아주머니는 아버지에게 연락하셨다. 그리고 아버지는 나를 데리러 오셨다. 나는 너무 무서워서 도망을 갔다. 화가 머리끝까지 나신 아버지는 나를 데리고 집으로 가셨다. 그러고는 내 손과 발을

발길 닿는 그곳에서 부처님을 친견하리

빨랫줄로 꽁꽁 묶고 모진 매를 때리셨다. 그날 밤 묶여 있는 나를 그대로 방치해 두고 식사를 하셨다. 그리고 밤이 새도록 주무셨다. 다음 날 아침에 일어나시고는 다시 오전 내내 매질을 하셨다. 그리고 당신의 화가 풀리자 풀어 주셨다.

그때 일만 떠올리면 몸서리치도록 가슴이 떨린다. 원한은 내 가슴에 나도 모르게 차곡차곡 쌓여만 갔다. 아버지는 충동적인 사춘기 딸의 행동을 왜 좀 더 사랑으로 감싸 주지 못하셨을까? 지금 생각하면 너무나 어처구니없는 발상이었다. 그 캄캄한 긴 밤. 시간은 느리게 흐르고 무섭고 두려웠다. 지금도 내 머리에서 지워지지 않는 기억이다.

동네 아주머니의 동정 어린 위로의 말씀도 너무나 미웠다. "어린아이를 어떻게 저리도 모질게 때릴까" 쯧쯧 하면서 혀를 차는 소리. 나는 나를 위로한다고 내 아버지의 무모함을 욕하는 아주머니가 아버지보다 더 미웠다.

나는 아주머니 말씀을 한마디로 쏘아붙였다. "아줌마! 아줌마 일이나 신경 쓰세요. 그리고 가던 길이나 그냥 가세요." 지금도 이 글을 읽는 분들이 나의 아버지를 비난할까 봐 이렇게 변명을 늘어놓고 있다. 핏줄이 뭐기에……. 나는 항상 피가 물보다 진한 것이 아니라 더럽다고 표현했다. 내가 만약 요즘 시대에 그런 행동을 했다면 문제아에 불량한 학생으로 낙인찍혔겠지. 생각하면 끔찍하기만 하다.

나는 나 스스로를 위로해 본다. 아버지도 어려서 조실부모하고

여섯 살 어린 동생과 단둘이 일제 강점기와 6·25을 겪은 세대이
다. 힘들게 사시다 보니 자식 사랑하는 방법을 몰랐을 거야! 사랑
하는 법을 모르셨다고 믿고 싶다. 잘못을 하면 무조건 매로 키워야
한다는 고정된 관념이랄까! 아무튼 그런 분이 나의 부모님이시다.

하지만 나는 내 잘못보다는 아들이 아닌 딸로 태어난 죄, 당신
께서 금이야 옥이야 하는 나의 남동생 즉 우리 집 장남인 아들을
제대로 돌보지 못했다는 이유로 모진 매를 맞아야 하는 것이 더
억울했다. 한편 어머니는 당신 자식들이 아무리 아버지에게 매를
맞아도 말린 적도 눈물을 보인 적도 없다. 그냥 옆에서 지켜보면
서 아버지 화를 더욱 부채질했다. 그래서 나는 속으로 나의 친어
머니가 아니라고, 계모일지도 모른다고 생각한 적도 있다. 부모의
사랑을 받은 기억이 나지 않는다.

그러면 지금의 나는 하나뿐인 내 아이에게 얼마나 사랑한다고
말하고 있는가! 그럼에도 나 또한 사랑을 받아 보지 못한 탓일까!
내 자식에게 사랑을 제대로 주지 못한다. 아이에게 화를 내고 돌
아서서 후회하고 눈물을 흘린다. 그런 내가 벌써 50세 중반이 되
었다. 나이 오십이면 '지천명'이라 자기 인생을 책임져야 한다고
했는데, 아직도 부모님을 원망하며 남의 탓만 하고 있다. 내가 생
각해도 참 한심스럽다. 다른 사람들처럼 아빠 엄마라고 부르지 못
하고 남의 부모 대하듯이 부친, 모친이라는 말을 쓴다. 참 못난 딸
이다. 열등감으로 똘똘 뭉친 차가운 사람이다. 내가 먼저 다가갈
생각을 왜 못 했을까?

발길 닿는 그곳에서 부처님을 친견하리

그런 내가 요즘 누군가에게 사랑을 받고 있다. 누군가가 나를 위해 뭔가를 챙겨 준다는 느낌. 여기서 잠깐 남편 이야기를 하려고 한다. 우리는 2002년 초에 알게 되었다. 물론 남편도 나도 결혼을 한 번씩 실패한 재혼 부부이다. 우리는 서로 다시는 이혼이라는 상처를 만들지 않기 위해 각자의 위치에서 최선을 다하려고 노력한다. 나는 남편과 함께 있으면 여왕이 된다. 남편은 정말 많은 배려와 사랑을 베풀어 준다. 남편에게서 때로는 남편, 때로는 아버지 같은 부성애를 느끼곤 한다.

그러나 내 마음은 항상 어딘가 허전하고 커다란 구멍이 뻥 뚫려 있었다. 유년 시절 겪었던 모진 일들이 주마등처럼 스칠 때면 일상적인 사소한 일에도 짜증을 낸다. 다들 갱년기라고 하지만 갱년기 때문만은 아닌 듯하다. 이런저런 이유로 정신과 치료를 받기도 했다. 우울증 약을 복용하지 않으면 밤에 잠자리에 들 수가 없었다. 배우지 못한 원망과 서러움, 부모로부터의 학대, 재혼하고 뒤늦게 낳은 하나뿐인 딸의 장래 문제 등 여러 가지 이유들이 많다.

유년 시절의 트라우마와 스님과의 인연

이제는 내가 이 글을 쓰게 된 이유를 말해야겠다. 바로 덕경 스님과 인연을 이야기하고 싶어서이다. 앞에서 나의 기막힌 과거 이야기를 길게 늘어놓은 것도 그래서이다. 나는 시쳇말로 가방끈이

짧아서 전문직을 가질 수 없었다. 그러다 보니 단순한 기술을 익혀 경제 활동을 하고 있다.

남편 가게에서 보조 역할을 하다가 나이 쉰이 훌쩍 넘어서 사회에 나와 보니, 세상은 너무나 변해 있었다. 내가 가장 놀란 것이 아치 형태의 무인 하이패스였다. 정말 충격적이었다. 정신이 번쩍 들었다. 세상은 너무 빨리 변하고 내 나이 겨우 쉰이 조금 넘었는데 백 세 인생이라면 아직 절반밖에 지나지 않았다. 앞으로 남은 반을 어떻게 살아갈까!

1970~80년대라면 나이 쉰이면 대충 한글만 읽고 쓰면 나머지 삶을 살아갈 수 있었을지 모르지만 지금은 아니다. IT 세상에 4차 산업혁명 시대를 살면서 기본적인 영어를 모르면 "낫 놓고 기역자도 모른다"는 속담과 무엇이 다른가! 옛 어르신들의 까막눈과 다르지 않다. 이것이 지금 나의 현실이다. 그러면서 나는 부모님을 원망하면서도 딸에게는 "왜 너는 내가 다 해 주는데도 공부를 안 하느냐"며 화를 내고 몰아붙였다.

그러던 어느 날 스님을 만났다. 내가 세신사로 일하는 목욕탕은 온천이다 보니 여러 스님들이 많이 오신다. 하지만 스님들이 오셔도 정작 스님들과 이야기 나눌 시간은 거의 없다. 그런 내게 어느 날 스님은 "보살님, 가슴속에 증오로 가득 찬 한을 이제는 밖으로 들어내어 다 내려놓고 편하게 살아가라"고 하셨다. 나는 속으로 '스님은 왜 나에게 저런 이야기를 하지!' 하는 의문이 생겼다.

절에 가고 싶다고 생각은 하였지만 선뜻 찾아가는 것이 참 어

발길 닿는 그곳에서 부처님을 친견하리

려웠다. 그러다가 스님과 이야기를 나누게 되었고, 어느 날 스님이 계시는 절에 가도 되느냐고 물었더니 "오지 마세요" 하고 한마디로 거절하셨다. 오지 말라고 하는 그 말이 너무나 슬펐다. 보통 스님들은 "예, 오세요" 하는데, 간다고 하는데도 오지 말라고 하는 스님도 있네! 안 가면 되지 뭐! 어디 절이 거기밖에 없는가! 나는 왜 가면 안 되느냐고 따지듯이 물었다. 스님은, 낮에 힘들게 일하고 쉬는 날은 집안일을 해야 하는데 우리 절은 거리도 멀고 짧은 시간에 올 수 있는 곳이 아니라며, 가까운 곳에 가라고 하셨다. 오지 말라고 하는 스님의 그 이유를 듣고 이해가 되면서 더욱 스님을 존경하고 좋아하게 되었다.

그러고 나서 시간은 2년이 더 흘렀다. 또다시 해가 바뀌고 새해가 되었다. 어떤 이야기 끝에 이제 절에 가면 되겠다는 생각이 들어 휴대폰 문자로 누구라고 밝히지도 않은 채 찾아가려 한다면서 사찰 이름과 주소를 물었다. 스님은 백련사라고 가르쳐 주셨다.

오후 늦은 시간 절을 물어물어 찾아갔다. 무슨 절이 간판도 없는지…… 가도 가도 끝이 없었다. 가도 가도 산속뿐이라 정말 시간이 많이 걸렸다. 산도 좋고 물이 참 깨끗하고 맑고 정리정돈이 잘된 예쁜 도량이었다. 마음이 편안하고 안정된 느낌이 들었다. 스님은 "어 보살님이세요? 문자를 보낸 분이! 보살님은 내가 오지 말라고 했잖아요?" 하셨다. "스님이 오지 말라고 하셨는데, 왔어요!"

겨울철 해 질 무렵 법당에서 108배를 하고 스님과 함께 저녁 공양을 하고 스님의 거처로 옮겨서 이런저런 상담을 했다. 나의 유년 시절의 슬픔과 첫 결혼 실패 등 우울증 약을 먹고 있는 이유에 대해서. 공부하고 싶다는 이야기를 하다가 나는 그만 흐느껴 울었다. 얼마를 울었는지 마음에 큰 돌덩이 하나를 내려놓은 것 같았다. 그때 스님은 부처님같이 포근히 안아 주셨다. "보살님, 괜찮아요. 세상의 모든 사람들 중에서 저마다 상처 없는 이가 누가 있겠어요. 각자 행복해 보여도 상처는 다 있기 마련입니다." 스님의 그 말씀이 부처님 품 안처럼 너무나 편안하고 따뜻했다.

지금도 힘들 때면 항상 그 따스함에서 부처님 온기를 느낀다. 부처님 같은 스님! 어머니 품이 이런 느낌일까? 하는 생각에 더욱 더 서럽게 울었던 기억이 난다. 한참을 울고 나서 울음을 그치니 스님이 내게 물었다. "보살님이 지금 가장 하고 싶은 것과 우울증 약을 먹는 이유와 공부를 하고 싶은 이유 등 다섯 가지 질문에 답을 해 보라"고 했다. 이유를 말하고 나니 스님은 참 쉽게 이야기하셨다. "공부는 늦었지만 하면 되고, 우울증은 집에서 하릴없이 망상만 하는 사람한테 생기는 병인데, 왜 보살님이 우울증이 생기는데요? 보살님은 남편 있고 예쁜 딸이 있는데 쓸데없이 왜 우울증 약을 먹느냐"며 면박을 주었다.

"오늘 집에 돌아가면 당장 우울증 약을 먹지 말라"고 하셨다. 그리고 차분하게 "공부는 늦었지만 하면 된다. 늦었다고 생각할 때가 가장 빠르다"고 하셨다. 검정고시로 얼마든지 마음만 내면 공부할 수 있다고. 당신도 고등학교를 2학년 1학기에 중퇴하고 다시 졸업하는 데 24년이란 세월을 보냈다고 하셨다. 그리고 늦은 나이에 대학도 마치셨다면서 공부는 시간이 있을 때 하는 것이 아니고 시간을 내어서 하는 거라고 하셨다. 그러니 시간 없다는 소리 하지 말고 짬짬이 쉬는 시간에 공부하면 된다는 것이다. 하루하루 미루지 말고 생각했을 때 빨리 실천하라고 말이다.

또 부모님한테 학대 받았다고 생각하지 말라고 하셨다. 그때는 시절인연이 자녀들을 사랑으로 키우기보다 엄하게 키우던 시절이다. 경제적으로 누구나 다 어렵게 살았다. 언제까지 남의 탓, 부모 탓, 형제 탓, 이웃 탓하고 살 거냐며, 가슴속 깊숙이 숨겨져 있는 한을 빨리 내려놓으라고 하셨다.

부처님 경전인 《금강경》에 "과거심불가득 현재심불가득 미래심불가득"이라는 구절이 있다. 이것은 지나간 과거에 집착하지 말고, 아직 다가오지 않은 미래도 생각하지 말고, 오직 현실, 현재 삶을 열심히 살아가면 된다는 뜻이라고 하셨다. 현재 내 앞에 닥친 문제부터 하나하나 해결해 나가면 되는데, 할 수 있는데 안 하는 것은 바보스러운 짓이다. 지금부터 해도 늦지 않다. 그리고 나에게 부족한 부분은 하나씩 채워 나가면 된다. 아직 시간은 많이 남았다. 기회란 열심히 노력하는 사람한테 찾아온다. 그리고 "보살님 잘 할 수 있어요. 시작이 반이라 하지 않아요" 하고 용기를 주시며 "공부는 철이 들어서 절실히 필요할 때 하는 것이 좋아요"라고 말씀하셨다.

언젠가부터 검정고시 공부를 해야겠다고 생각하고 있었다. 그

143

아름다운 나의 황혼을 위하여

러나 용기가 나지 않았다. 사실 너무 늦었다고만 생각했다. 자신도 없었다. 중학교 한 학기를 마지막으로 교과서를 한 번도 본 일이 없다. 그때가 열네 살, 지금은 쉰네 살. 40년이 지나갔다.

얼마나 후회하면서 갈망한 공부였는데…… . 스님께서 용기 주시고 격려해 주셨기에 다음 날 용기를 내어 EBS 교육 사이트에 전화를 걸었다. 상담 도중에 눈물은 왜 이리 나오던지, 상담을 진행할 수가 없었다. 그래서 미안하다고 하고 한참 울고 난 후 상담을 마쳤다. 그날을 회상하며 이 글을 쓰는 지금도 눈물이 난다. 하지만 지금은 서러움의 눈물이라기보다 고맙고 감사한 눈물이다.

며칠이 지나서 스님께 자랑이 하고 싶어 아침 일찍 서둘러 절에 갔다. "스님! 저 검정고시 신청했어요." "와~! 보살님 잘했어요. 보살님 도중하차는 절대 없습니다. 저와 약속하신 것은 부처님과의 약속입니다. 공부하다가 힘들면 내가 도와줄 게요"라고 하셨다.

그날도 많이 울었던 것 같다. 보통 사람들은 처음에만 관심을 가질 뿐 나중에는 본인이 알아서 하리라 생각한다. 하지만 스님은 달랐다. 내가 절에 가면 언제나 반갑게 맞아 주고, 가끔은 찾아가지 않아도 저절로 스님을 만나게 된다. 스님은 만나면 반갑게 꼭 물어보신다. 강의가 재미있느냐, 이해는 잘 되느냐, 진도는 어디까지 나갔느냐, 몇 강을 듣고 있느냐. 스님의 애정 어린 관심이 공부를 게을리할 수 없게 만든다.

발길 닿는 그곳에서 부처님을 친견하리

인생의 마지막 날, 부처님과 함께하기

우연찮게 스님과 인연이 되어 늦은 나이에 만학도가 되고 보니, 삶에 탄력이 생겼다. 한때는 배움이 부족한 나를 포장하기 위해 책을 옆에 끼고 다니면서 읽은 적이 있다. 그래서인지 공부가 많이 힘들지는 않다. 다만 머리가 녹이 슬었는지 나이 탓인지 책을 덮고 나면 기억에 남는 것이 별로 없다. 그럴 때면 스님은 항상 웃으면서 "한 번 해서 안 되면 두 번 세 번 하면 된다" "어린 학생들이 한 번 볼 때 나이 먹으면 30번을 본다는 각오로 공부하면 안 될 게 없다"고 하셨다.

내 사전에 포기는 없을 것이다. 스님이 말씀해 주셨다. 이번 생에는 잘하는 것보다 우선 열심히 공부하는 선근을 심으면 이근에 스쳐도 다음 생에 좋은 종자로 남는다고 하셨다. 지금 씨앗을 심지 않으면 다음에 종자로 열리지 않는다고 말이다.

지금은 남편과 내 아이 그리고 스님과 부처님이 나를 지켜보고 있다. 오늘도 나는 마음을 독하게 먹고 부처님께 엎드린다.

"부처님 간절히 발원합니다. 부처님! 참다운 진리를 체득하고 아래로는 중생을 위하는 보살 본연의 자세로 살겠습니다. 이기심으로 물든 현대 사회 바른 도리로 살아가게 하소서! 부처님 대자대비로 중생을 어여삐 여기신다 하셨으니, 문수보살의 지혜와 보현보살의 행으로써 남은 생을 살아가기를 맹세합니다. 이 맹세가 나태하지 않게 도와주시고, 항상 게으르지 않는 삶이 되도록 도우

시사 심신이 지치고 흔들리지 않게 하소서!"

부처님의 중생을 위한 원이 끝이 없기에 나의 원도 끝이 없다. 다시 태어날 때 선한 종자로 태어나게 해 달라고 발원해 본다.

내 나이 80세가 되려면 아직도 26년이라는 긴 시간이 남았다. 나에게 소중하지 않은 것이 무엇이 있겠느냐마는 오래전 스님과 인연이 되어 우울증 약을 끊게 되어 행복하다. 매주 월요일 쉬는 날 절에 가면 부처님이 계시고 스님이 계시니 행복하다. 기도하고 맛있는 공양을 하고 공부도 같이 하니 행복하다. 사람은 모두 행복의 기준이 저마다 다를 수 있겠지만, 현재의 나는 검정고시를 통해 중학교를 졸업하고, 고등학교도 검정고시로 졸업해 대학을 불교학과로 가서 불교를 더 깊이 공부할 생각을 하니 행복하다. 불교를 통해 인생의 참다운 진리를 터득하고 나와 남이 함께 행복하길 발원한다. 또한 사랑하는 가족과 그동안 못 해 본 해외여행도 하며 유창한 영어로 외국인들과 대화를 나눌 꿈을 꿀 수 있으니 행복하다. 고고한 자태로 아름다울 황혼을 생각하니 행복하다. 오늘도 나는 내 인생의 마지막 돛을 내릴 때까지 부처님과 함께하기를 발원하니 행복하다.

나무 석가모니불!

나무 석가모니불!

나무 시아본사 석가모니불!

바라밀상

오, 나의 부처님!

청묵 임성용

踏雪野中去 (눈 내린 들판을 걸어갈 때)

不須胡亂行 (함부로 어지러이 발걸음을 내딛지 말라)

今日我行跡 (오늘 내가 남긴 발자국이)

遂作後人程 (뒤에 오는 사람의 길이 되리니)

　감히 서산대사의 선시를 가슴에 되새기며 내 생애 지금까지 일 그러지고 헝클어지게 살아온 발자국을 돌아보고 점검하면서 신행 수기의 첫 글에 인용하여 써 본다. 이제라도 '참 나(自我)'를 찾아서 나에게 남겨진 시간, 그 마지막 순간까지만이라도 이리 살고픈 서원에서이다.

발길 닿는 그곳에서 부처님을 친견하리

부처님 가르침 가운데 제행무상, 제법무아, 열반적정(일체개고)의 삼법인(사법인)을 만나고 깨닫기까지 50년 인연이 나를 찾아왔다. 아니, 어쩌면 지금도 현재진행형으로 생각만 그러할 뿐 실천은 요원한지도 모르겠다. 그럼에도 되짚어보고 싶은 마음엔 내 안에 감춰진 회한과 참회의 속뜻을 끄집어내어 '귀의불(歸依佛)'하고자 하는 발심이 숨어 있다.

이제 '무아(無我)의 나'를 깨닫게 되기를 발원하며 지나온 세월을 돌이켜 보고자 한다. 내 나이 30대, 입지(立志)의 풋풋한 시기에 현대자동차(주)에서 직장 생활을 하며 사회에 첫발을 내딛었다. 그룹 회장인 고 정세영 회장이 맡았던 수상스키협회와 회사 동호회에서 활동하다가 그 매력에 몸을 던져 직장 생활 10년 차에 회사를 나와 청평호숫가에서 수상레저 사업을 시작하였다. 이렇게 십수 년이 훌쩍 넘도록 북한강 물결을 가르며 나름대로 멋지게 살아왔다.

내 나이 40대, 불혹(不惑)의 시간이 훌쩍 지나갔다. 사업장이 청평호 별장 중심지 강변에 자리한 덕분에 경치 좋은 지리적 조건에 힘입어 TV 드라마, 영화 촬영 장소, 각종 매체의 드라이브 명소로 알려지면서 성장을 거듭하였다. IMF가 들이닥쳐 한동안 어려움과 위기에 직면하기도 했으나 시련을 극복하고 고객들과 돈독한 유대 관계로 사업은 승승장구하며 나름대로 성공을 거두었다. 하지만 '인생이란 이런 것'이려나? 희로애락을 뒤로하고 흥망성쇠의 화살을 끝내 비켜 가지 못했다. 어리석게도 미래를 예측하지 못한

오, 나의 부처님!

소송 사건에 휘말려 잘나가던 사업을 접어야만 했다.

내 나이 50대, 지천명(知天命)의 시간이 되었을 때였다. 불행은 한꺼번에 몰려서 온다더니 마치 성난 파도처럼 나를 휘몰아 내리쳤다. 아버님이 세상을 떠나시더니 곧바로 병상에서만 머무르시던 어머니마저 세상을 떠나셨다. 부모님을 연이어 보내드리고 나니 하늘이 무너지는 슬픔과 외로움이 엄습하여 세상 밖으로 내던져진 절대 고독의 시간을 보내야만 했다.

"빈곤이 창문을 두드리면 행복은 창문 밖으로 도망간다"는 소설 속 주인공의 말처럼 가정마저 무너져 내렸다. 이 모든 일이 겨울밤의 눈처럼 소리 없이 찾아왔다. 마치 지금의 '코로나19'처럼 순식간에 돈과 명예, 가족과 가정, 꿈과 희망을 송두리째 앗아갔다.

제행무상(諸行無常)……. 쉰 살 되던 해, 이렇게 몸서리치게 서러운 절망과 함께 깨우침이 내게 다가왔다. 지천명의 문지방에 발을 내딛는 시각에 공수래공수거(空手來空手去)의 무상심(無常心)을 뼈저리게 느껴야만 했다. 아, '채움'이란 '욕망'은 풀잎 끝에 매달린 고작 한 방울의 이슬이었던가?

하지만 인간은 위대하기에 그냥 죽으라는 법은 없으며 욕심과 집착으로 살아온 내게 다시 일어나는 용기를 가르쳐 주기 위해 지금의 나를 쓰러뜨리는 것이라고 스스로 위로했다. 아무리 깜깜한 터널 속이지만 저 멀리 보이는 점 하나는 희망의 빛처럼 무기력하게 피폐해지는 나에게 한 줄기 빛으로 다가왔다. 오대산 월정사 '단기 출가'가 그 이름이었다.

발길 닿는 그곳에서 부처님을 친견하리

희망의 빛처럼 찾아온 오대산 월정사 '단기출가'

2008년 여름 산사에 첫발을 딛던 날, 면접(갈마) 스님의 "모든 것은 내 탓이고 나로부터 시작된다"는 일침에 순간 전율을 느꼈다. 덥수룩한 긴 머리를 가위와 면도날이 다가와 살아온 업보를 향해 삭발하는 순간, 소리 없는 눈물이 얼굴을 적셨다. 모든 것이 낯설고 충격으로 다가왔다. 어린 시절에 기독교 신앙을 지니고 있었던 터라 더욱 그렇게 느껴졌다.

출가 첫날 밤, 대법륜전에 머물며 삭발한 도반들이 세속을 떠난 '출가 행자'의 신분으로 바뀌어 수행을 시작했다. 반짝이는 머리를 쓰다듬으며 생각의 생각을 쌓느라 밤을 꼬박 새웠다. 번뇌와 망상으로 긴긴 밤을 뜬눈으로 보내는 와중에 도량석 스님의 경문과 목탁 소리에 화들짝 놀라 선잠을 깨고 벌떡 일어났다. 그리고는 여명이 밝아오기도 전에 새벽 예불과 독경, 108배, 참선, 아침 공양마저 끝내는 산사에서의 첫 일정을 체험했다.

곧바로 삼보일배의 시간이 다가왔다. 남성 행자 30명과 여성 행자 30명이 '원 팀'이 되어 긴장된 마음으로 월정사 일주문에서부터 전나무 숲길을 따라 삼보일배하며, 가람을 수호하는 천왕문을 지나 청정 도량을 상징하는 금강문의 금강계단을 엎어지다시피 올라갔다. 국보 제48-1호와 2호인 팔각구층석탑과 석조보살좌상 대웅보전 앞까지 앞서가는 스님의 불호령에 흩어진 대오를 맞추며 되돌아가고 또 되돌아가면서 한여름 불볕 속에 목이 터져라

"석가모니불"을 외치니, 아 몸이여 마음이여, 삼보일배의 땀은 부질없이 살아온 나를 향한 부메랑으로 되돌아왔다.

어쩌다 텔레비전에서나 보던 장면을 행자가 되어 온몸으로 부딪쳐 보니 구도자의 길이 녹록지 않으매 앞서가는 스님을 놓칠세라 마치 햇병아리처럼 바짝 따라가야만 했다. 먼 옛날 월정사 창건주 자장율사의 서슬 퍼런 절개가 지금의 초보 불자인 나에게 힘을 북돋아 주는 것만 같은 그런 기운(氣運)을 느낄 수 있는, 힘겹지만 소중한 시간이 되었다.

하지만 기껏 첫날 수행이었을 뿐이런만 걱정과 기대로 망상에 사로잡히기 시작했다. 모든 출가 프로그램이 정신없이, 그냥 정신 차릴 시간조차 없이 일사천리로 진행되다 보니 어느새 절반의 시간이 훌쩍 지나갔다. 체력은 힘겨워 지쳐 가고, 마음은 풀리지 않는 갈증에 답답해지고, 정신은 번뇌 망상에 사로잡혀 혼란스러웠다.

어쩌지? 이러면 안 되는데? 이런 내 모습이 싫었다. 내 꼬락서니가 한심스러웠다. 머리를 쥐어박으며 정신무장을 했다. 내 멋대로 '신구의(身口意)' 습업(習業)이라는 굴레에 사로잡혀 껍데기로 살아온 몸뚱어리를 두들겨 패기로 마음먹었다. 먼저, 몸도 마음도 '비움'의 '수행'을 다짐하며 오후 '불식(不食)'을 시작했다. 그러자 조금씩 머리가 맑아지기 시작했다. 그로부터 일주일 후 아예 '단식(斷食)'을 단행했다. 혹독하게 자신을 향하여 몰매질했다.

그랬더니만 웬걸? 깜짝 놀랄 변화가 왔다. 몸이 깃털처럼 가벼

발길 닿는 그곳에서 부처님을 친견하리

워지고 마음은 편안해졌으며 정신마저 망상이 사라졌다. 과거를 잊고 미래를 떨치며 '지금 여기'에 '오롯이 자신만 바라보기'로 집중하니 본래의 내[我]가 보이기 시작했다. 그야말로 불퇴전(不退轉)의 수행이었다. 속세에서는 생각조차 할 수 없는 단식 수행을 과감히 결행한 그 힘이 어디에서 왔으며 나는 과연 누구인가?

단기 출가의 마지막 밤. 용맹정진(勇猛精進), 그야말로 끝장 수행의 시간이 다가왔다. 삼천 배의 시간이 내 몸을 다시 긴장시켰다. 밤 9시부터 새벽 4시까지, 오후 불식과 금식으로 2주에 걸쳐 자학(自虐)한 몸인데 잘 견딜 수 있을까? 그 어디에서도 자신 있는 답을 얻을 수 없었다.

"귀의불, 모든 것은 부처님께 맡기자!"고 두 주먹을 불끈 쥐며 결의를 다졌다. 삼배로 시작하여 죽비 소리가 내리칠 때 7월의 뙤약볕에서 동고동락한 도반들의 외침이 한여름밤의 무더위마저 삼켜 버렸다. 지난 세월 탐진치(貪瞋癡)로 살아온 참회의 눈물이 땀과 범벅이 되어 온몸을 적셨다. 허리가 끊어지는 듯, 두 다리의 근육이 마비되는 듯, 힘겹고 고통스러운 시간이었다. 그래도 엎어지며 고개 숙여야 했다.

'3,000이라는 굴레'. 속절없이 일어나야만 했다. 마음속 깊은 어느 한편에서 복받치듯 올라오는 긴급명령이었다. 아무런 이유나 변명도 없이 그냥 절규하며 목이 터져라 "석가모니불"을 찬탄하고 의지하면서 무릎 꿇어야 했다.

하심(下心), 또 하심, 3,000번째 하심……!

울컥, 말 그대로 믿기지 않을 만큼 왈칵, 드디어 해냈다. '일체유심조(一切唯沈造)' 이외에 무엇으로 형언할 수 있으리오. 수행 첫날에 108배만 했을 때도 두 다리가 휘청거렸건만 3,000배를 마친 후 대웅전 계단을 널뛰듯이 뛰어내렸다. 그 순간 여름날의 밤하늘을 쳐다보았다. 새벽녘 별들의 향연이 펼쳐지고 있었다. 은하수가 비처럼 음악처럼 쏟아지고 있었다. 10킬로그램이나 빠져 수척해진 앙상한 몸이 깃털처럼 날갯짓하고 마음은 샛별이 되어 자유의 세상 밖으로 날아갔다. 50년을 살아오면서 처음 느끼는 꿈같은 환희 ……!

오, 나의 부처님! 자비로우신 부처님이시여!

내 안에 살아 계신 부처님

때마침 내게 홀로 남은 외아들(연세대 경영학과 재학)이 CPA 고시 공부를 하는 중이었다. 몰려온 시련으로 실의에 빠진 내게 버팀목이 되어 준 아들이건만 애비로서 해 줄 것이라고는 기도밖에 없었다. 학교 기숙사에서 생활하며 도서관을 오가는 아들의 모습을 지켜보고 있으려니 애타는 마음뿐……. 이리 멍하니 좌불안석하고 있을 수 없어 집을 뛰쳐나왔다. 생활 전선을 뒤로하고 '기도 발심'을 내어 오대산으로 달려갔다.

상원사 중대사자암 적멸보궁에서 '21일 기도 수행'에 돌입했다.

발길 닿는 그곳에서 부처님을 친견하리

한겨울 영하 20도가 훌쩍 넘는 살을 에는 강추위와 귀를 찌르는 칼바람을 온몸으로 맞으며 어린 나이에 상처 받았을 아들을 생각하니 애끓는 기도밖에 할 수 없었다. 삶의 끝자락에 매달려 북받쳐 오르는 설움과 오로지 부처님밖에는 기댈 곳이 없었기에 절박한 기도를 했다. 부처님 진신사리, 적멸보궁에서 애비의 절절함이 백두대간을 홀연히 타고 넘어 나비효과로 서울의 아들에게 돌봄 (caring)으로 전해졌으려나…….

연이어 또 한 번의 기쁜 소식이 찾아왔다. 공인회계사 최종합격! 연세대 경영학과 3년 재학 중인 아들에게 삼정회계법인에서 입사 면접 제의가 왔다. 부랴부랴 양복을 맞추고 와이셔츠를 다리다 순간, 울컥 가슴이 메었다. 졸업도 하기 전에 합격이 되어 해외 연수 교육에 참여하는 아들의 뒷모습을 지켜보고 있으려니……. 오직 외마디뿐!

"가피!"

"Protection!"

단기 출가 수행 내내 애씀에 대한 부처님의 자비……. 연거푸 펼쳐진 내 삶의 단 하나의 희망, 외아들에게 돌아온 기도의 가피 ……. 몽중(夢中) 가피이려나? 현증(顯證) 가피이려나? 명훈(冥勳) 가피이려나?

절체절명의 낭떠러지에 선 '벼랑 끝 기도'를 들어 주신 부처님이기에 감개무량할 뿐이다. 십여 년이 지난 지금까지도 그때의 환희심(歡喜心)이 생생히 자리하고 있으며 나의 신심(信心)을 이끌어

가고 있다. 오호라, 내 안에 살아 계신 부처님이어라!

이 일은 이때부터 '남은 생을 어떻게 살아갈 것인가?'에 대한 지남(指南)이 되고 있으며, 내 삶의 목표와 가치관이 바뀌기 시작했다. 지천명의 나이에 인도에서의 '바나플러스'처럼 불법(佛法)을 만나는 인연이 되었으니 그나마 다행이고, 이 어찌 부처님의 가피가 아니고 무엇이겠는가! 불법을 만나기가 백천만겁난조우(百千萬劫難遭遇)라 했거늘 이 얼마나 감사한 인연이더냐!

불제자가 되기 위해 한 걸음 한 걸음

"무소의 뿔처럼 혼자서 가라"는 가르침을 받았으니 자귀의(自歸依) 법귀의(法歸依)를 가슴에 꾹꾹 담아서 자등명(自燈明) 법등명(法燈明)의 등불을 켜기로 마음먹었다. 그리하여 지나온 신행을 철저히 되짚어 보고 다가올 시간을 준비하며 공부하는 신해행증(信解行證)의 방법을 찾아보기로 했다.

첫째, 불교 공부를 기초부터 체계적으로 다시 한 번 배우기 위해 남양주에 있는 봉선사를 찾아갔다. 불교 입문반 6개월 동안에 기본교육을 받고 불교대학 1년의 심화과정을 거쳐 졸업하는 그 시간만큼, 불자로서 신심과 자세가 차곡차곡 쌓이고 변화하기 시작했다.

둘째, '도반과 함께'는 아무리 강조해도 지나침이 없다. 신심이 약해지고 흔들릴 때마다 도반들은 날 일으켜 세워 전국의 기도처를 동행하면서 쓰러지는 나를 붙잡아 주었다. 조계종 25교구 산사 순례, 경전 공부, 참선 기도 수행, 청춘 출가 학교, 사찰 봉사 활동으로 내게 나침반이 되어 주면서 부처님 곁으로 다가가는 길에 더 없는 힘을 준 것이 바로 도반이었다.

셋째, 불교대학을 졸업하고 나니 배움에 대한 갈증과 욕구가 더욱 솟구쳤다. 그리하여 불제자가 되기 위한 노력에 한 발짝 더 발심을 내었다. 종단의 포교사 시험에 목표를 두고 공부를 시작했다. 〈부처님의 생애〉〈불교학 개론〉〈불교의 이해〉〈불교미술과 문화〉〈불교사와 종헌 종법〉 등의 과목을 폭넓게 학습하였다. 마치 고3 수험생처럼 밤이 새는 줄도 모르고 공부에 심취하다 무릎을 탁 치며 깨달음을 얻었고, 때론 가슴을 쓸어내리며 삼독심(三毒心)으로 살아온 지난날을 반성하며 참회하기도 하였다. 이런 과정을 공부해 학수고대하던 대한불교조계종 제21회 포교사가 되었다.

이때가 내 나이 60, 이순(耳順)이었다. 불법 인연의 시간, 그 10년의 세월이 훌쩍 지나갔다. 무심(無心)하게도. 하지만 월정사 단기 출가로 시작하여 봉선사 기초입문반과 불교대학을 졸업하고 포교사 과정까지 조계종의 잘 다듬어진 단계별 커리큘럼에 따라 공부해 보니 나도 모르는 사이에 신심도 쑥쑥 자라났다. 대한불교조계종 포교원과 교육원 및 그 교육과정에 참으로 감사, 또 감사하다.

넷째, 출가 수행에서 '5계'를 받고 불자로서 "잘 지키겠습니다!"

하고 다짐한 지 10년 만에 종단의 포교사가 되어 '8재계'를 수계 받으니 "더 잘 지키겠습니다!"라는 무거운 사명감이 불타올랐다. 수계식은 엄숙하게 진행되었다. 속리산 법주사의 밤하늘에 수백 명의 포교사들이 함께 목탁을 치며 외치는 부처님을 향한 찬탄(讚歎)은 그야말로 여법(如法)하고 장엄(莊嚴)했다.

이후부터 포교 현장에 실전 배치되어 군 법당을 오가며 법회를 주관하고 장병들에게 법문을 전하는 포교 활동을 실천에 옮겼다. 남양주 육군 제○○사단 '충일 호국사'에서 법회 활동과 양주의 천년 고찰 '회암사'에서 수도○○사단의 장병들을 대상으로 템플스테이를 진행하며 전법 활동을 하였다.

특히 회암사에서 군대 생활에 고민이 많은 '관심사병'들을 대상으로 신행 상담을 할 때면 예기치 못한 돌발 변수가 빈번하였다. 요즘 젊은 장병들의 사고와 고뇌를 이해하고 치유하기에 앞서 나 자신부터 부족한 소양과 능력의 한계를 절감해야만 했다. '아, 내가 장병들을 가르치는 것이 아니라 내 부족한 공부를 하고 있음'을 고백하지 않을 수 없었다. 그리하여 스스로 재충전의 시간이 필요함을 반성하며 실력을 키워 가기로 발심을 내었다.

이번에는 전문심리상담가의 능력을 배양하기로 다짐하고 도전장을 던졌다. 종립학교인 동국대학교 불교대학원 석사과정에 지원하여 시험을 치르고 합격 통보를 받고 보니 어느덧 내 나이 이순의 중반에 접어들었다. 이제부터는 비록 늦깎이로 입학했지만 명상심리상담학과에서 5학기 동안에 열심히 공부하여 부처님 가르침에 부끄럽지 않은 '포교사'와 '불제자'가 되기 위해 분발할 것이다.

∞

이제, 마무리할 시간이 되니 조심스럽고 떨리면서 세월의 흔적이 주마등처럼 스친다. 지금껏 허망하게 세월을 낭비한 두꺼운 업장(業障)을 어이해야 소멸시킬 수 있으리오? 어렵사리, 종단의 '은퇴자 출가'에 발심을 내고 다가가 보기도 했거늘, 나에게 허락된 숙명이더냐……? '세상사 모든 것은 때가 있으리오'마는 시절인연이 나에게는 금생에 만날 수 없는 운명이려나……?

이젠 참회의 마음으로 지금껏 알게 모르게 지은 업보에 용서를 간청한다. 나로부터 시작되어 힘겨웠을 친인척과 가족에게도. 인과응보를 겸허히 받아들이며 고백하오니, 늦었으나 이제라도 용서의 바다로 날 보내 주소서.

끝으로, 여기까지 살아오는 동안에 부족한 나를 격려, 지지, 성원해 준 도반, 친구, 지인에게도 마음속 깊이 감사드린다. 그대들이 곁에 있어 지금의 내가 있기에 글로써 표현하는 것조차 부끄럽지만 고맙고 또 고맙습니다. 특별히, 그동안 월정사의 인연으로 참으로 감사하오나 인사드리지 못한 단기출가학교장 은사님께도 머리 숙여 합장합니다.

시련의 시간은 '그냥 지나가리라'. 나에게 남겨진 시간, 상구보리 하화중생(上求菩提下化衆生)하면서 더불어 죽는 날까지 이렇게 지켜지기를 서원하며 삼보에 귀의합니다.

오, 부처님! 내 안의 부처님……!

바라밀상

내 영혼의 미륵산 용화사

서화심 임명엽

바다를 끼고 있는 경남의 작은 소도시, 통영의 미륵산 용화사 경내는 이슬비가 온종일 내려 고요하다. 고요함을 넘어 적막감마저 감도는 듯하다. 원래 같으면 불자들, 등산객들, 산어귀 동네를 뛰어다니는 강아지들로 부산스럽고 활기가 넘치는 용화사이지만 요즘 온 나라를 위험에 빠뜨린 전염병으로 경내를 찾는 손이 뚝 끊어졌다. 지금 용화사는 말 그대로 '절간'이다. 이슬비가 부슬부슬 내리는 고요한 절간 종무소에 앉아 경내를 바라보고 있자니 오만 가지 생각이 머릿속을 헤집는다.

내가 할머니가 되어서 늦깎이 사무장으로 종무소로 온 까닭은 어쩌면 부처님의 뜻이었을지도 모른다는 건방진 생각이 가끔 들곤 한다. 무척이나 무더웠던 2018년 여름, 맞벌이를 하는 서울의 큰아들 집으로 손녀를 봐 주러 서울과 통영을 몇 번씩 오고 갔다. 체력적으로 너무나 버거운 시간을 보내던 차에 용화사 사무장 자

발길 닿는 그곳에서 부처님을 친견하리

리가 비었다는 소식을 들었다. 절에서 기도를 하던 중에 '기도하러 매일같이 오는 절인데 종무소에 일하면서 부처님을 더 가까이 할 수 있지 않을까?' 하는 생각이 뇌리를 스쳤다. 그 길로 주지 스님을 뵙고 허락을 받았다.

바로 다음 날부터 종무소 일을 시작했다. 하지만 컴퓨터 프로그램, 신자 관리 등 처음 해 보는 일이 녹록지 않았다. '되는 데까지 해보자!' 하고 부딪힌 것이 어느새 한 해가 가고 두 해째가 되었다. 곰곰이 생각해 보면 감히 이 모든 일이 부처님의 뜻일지도 모르겠다는 생각이 든다.

젊음 하나로 부족할 것 없었던 꽃다운 스물셋의 남해 아가씨가 미륵산 용화사 아랫동네 봉숫골로 시집을 왔다. 남편 하나 믿고 친정과 멀리 떨어진 타지로 오면서 풋풋했던 남해 아가씨는 이른바 봉숫골 새댁이 되었다. 위로 형님 세 분이 계셨지만 동문수학하신 형님들은 객지에 계셨고, 신혼집과 골목 하나를 사이에 둔 시댁에는 시할머니, 아버님, 어머님이 계셨다.

지척에 시댁이 있다 보니 집안 어른들은 이제 막 시집온 막내며느리인 나를 끔찍이도 아껴 주셨다. 어머님은 집 뒤 운동장만 한 수백 평이나 되는 넓은 텃밭에서 이것저것 농작물을 가꾸고 생산해서 가까운 장에 내다 파시곤 하셨지만 고된 농사일을 내게 한 번도 시키지 않으셨다. 어느 날 아버님께서 "새아기도 함께 일을 해야 하지 않느냐?" 하시니 어머님께서는 "지금 안 해도 나이 들고 자식 생기면 욕심나서 다 하게 된다"면서 내 편을 들어주시곤 했다. 이제 그 말씀을 하셨던 당시 어머님보다 더 나이를 먹은 나는 가끔 어머님 말씀이 어제 일처럼 귀에 쟁쟁하다.

그 이듬해에는 큰 아이를 출산하였다. 아버님은 큰아이 백일이 지나자 눈 맞추며 생글생글 웃는 손자를 얼마나 예뻐하시던지! "고놈, 참 잘생겼다! 조물주는 어떻게 이렇게 눈, 코, 입을 잘 만들었는지……. 껄껄껄" 하시며 큰아이를 안고 동네방네 우리 막내자식 아들이라며 자랑하셨다. 그 다음 해 또 둘째를 출산하면서 두 아들의 엄마로 육아에 여념 없이 매달렸다. 시간은 어떻게 흘러갔는지도 모르게 빠르게 지나갔다. 그사이 연로하신 할머님은 저세상으로 가셨고 그 얼마 후 아버님도 간경화라는 무서운 병으로 저세상으로 가셨다.

미륵산과 용화사를 놀이터 삼아

활을 떠난 시위처럼 세월은 빠르게 지나가고 아이들은 무럭무럭 자라 우리 가족은 미륵산과 용화사를 우리의 놀이터 삼아 하루에도 몇 번씩 오르내리곤 했다. 봄에는 빨간 진달래와 노란 개나리꽃, 여름에는 더욱더 푸르러지는 상록수, 가을에는 파스텔로 칠해 놓은 듯한 색색의 단풍나무와 밤나무 열매를 줍기 위해 용화사를 베이스캠프 삼아 미륵산 이곳저곳을 누비고 다녔다. 계절의 변화에 그 빛깔을 달리하는 꽃과 나무들을 가슴 가득 만끽하며 즐거

발길 닿는 그곳에서 부처님을 친견하리

워했고, 새들의 지저귐에 새벽잠에서 깨곤 했다. 불교도 부처님도 잘 몰랐던 당시에는 특별할 것도 없는 동네 뒷산이었지만 돌이켜 보면 그 존재만으로도 너무나 감사할 따름이다.

그때까지만 해도 아이들과 용화사 부처님 앞에 삼배 정도만 하고 초파일에 오색찬란한 등을 다는 것 정도만 알았지 불교가 무엇인지, 기도는 어떻게 하는 것인지, 부처님의 법은 무엇이며 어떻게 알아가야 하는지 등 아는 것이 아무것도 없었다. 늘 오고 다니며 불교에 관심은 있었지만 부처님을 더 가까이 하는 방법을 몰랐다.

그러던 어느 화창한 날에 용화사를 방문하였는데, 평소 같으면 그냥 지나쳤을 일주문 안의 늘 그 자리에 서 있는 비석에 눈길이 갔다. "사적비건립수록방명(事蹟碑建立樹綠芳名)"이라는 글자가 쓰인 비석인데 무심결에 오른쪽 옆면에 새겨진 이름을 보다가 아버님의 성함을 발견했다. 일찍이 시아주버님들이 수재로 먼 부산과 서울서 수학하셨다는 말씀은 들었지만 용화사 부처님께 공들인 이야기는 듣지 못했다. 그날로 바로 어머님을 찾아가 여쭈니, 어머님은 긴 숨을 들이쉬며 이야기를 술술 풀어내셨다.

"용화사에 일각 스님이 계실 때 그때 참 아버지랑 공 많이 들였지. 부처님 전에 가실 때는 목욕재계하고 농사지은 쌀을 방앗간에서 찧어 오면 제일 먼저 나온 쌀은 따로 두었다가 부처님 앞에 올렸고 무엇이든 팔거나 살 때도 꼭 부처님께 먼저 선고를 하곤 했다. 그리고 둘째가 절에서 공부할 때는 땔감을 직접 해 날라 불을 지펴 따뜻하게 지내라고 했단다"라고 하셨다. "아가, 너도 절에 가서 부지런히 공 들여라. 죄는 지은 대로 가고 공은 닦은 대로 간단다."

어머님의 말씀을 들었을 당시에는 '그런 일이 있었구나' 정도로 여겼다. 하지만 우리 내외는 점점 늙어 인생의 수레바퀴 한편으로 물러나고 두 아들은 우리 품을 떠나 자기 앞가림을 하기 위해 아등바등하는 모습에 세상살이가 쉽지 않다는 자각을 하면서도 또 한편으로는 팍팍한 요즘 세상에 우리 가족 모두 건강하고 행복하게 옳은 길을 가고 있다고 생각하니 벅차오르는 가슴은 이루 말할 수가 없었다. 문득 어머님의 말씀이 떠올라 고난을 슬기롭게 헤쳐 가기 위한 기도와 잘 살고 있음에 감사의 기도를 해야겠다고 마음 먹었다.

그러면서 용화사로 가는 발걸음이 잦아졌고 차츰 어깨너머로 배우고 혹은 스님들의 가르침을 통해 불교에 대해 배우기 시작했다. 매일같이 시간만 되면 언제든지 오고 갔다. 아직 부처님의 뜻을 모르는 것은 여전하지만 여름이고 겨울이고 아침이고 저녁이고 찾아갔다.

이제는 다 지난 이야기지만, 남편이 지방행정직 공무원으로 재직 중일 때 부산에서 사업을 하시던 큰 형님네가 실패의 쓴잔을 마시고 통영 고향집으로 내려오게 되었다. 부모님이 애써 이루신 집과 주변 전답을 담보로 이것저것 다시 일을 벌이는 바람에 우리도 피해가 막심한 상황에 놓이게 되었다. 1,300만 원이라는 당시 적지 않은 금액을 세금으로 날리고 결국에는 월급 차압까지 당해 청천벽력과 같은 어려움에 봉착하게 되었다. 남편은 날이면 날마다 술에 만취해 한밤중인지 새벽인지 모르게 귀가했고, 나는 아이들과 그 무서운 악몽과도 같은 시간을 치열하게 살았다. 악으로 오기로 버텼다.

부모님이 남편 몫으로 주신 2층 양옥집과 약간의 땅을 지키기 위해 나는 무척이나 애썼다. 반드시 내가 이기고 말 것이라는 각오로 나 자신과 사투를 벌였다. 10년이면 강산도 변한다는데 그 악몽은 12년이나 지속되었고, 결국에는 우리 힘으로 부채를 탕감하고 악몽에서 벗어날 수가 있었다.

어려운 환경에도 아이들은 무럭무럭 잘 자라 주었고 이제는 두 아들 모두 한 집안의 가장이 되었다. 큰아이는 행정고시의 문턱을 아쉽게 넘지 못했지만 신이 내린 직장이라는 공공기관에서 일하고 있고 며느리는 우리 집안에 시집와서 통일부 공무원 특채로 합격하여 근무하고 있다. 눈에 넣어도 아프지 않을 손녀, 손자를 낳아 화목하게 살고 있다. 둘째는 일찍 자신의 진로를 찾아 어릴 적 꿈이었던 교사의 길을 걷고 있으며 똑똑하고 예쁜 여자를 만나 결혼해서 곧 2세도 보게 된다.

부처님에 대한 끝없는 간절한 기도

이슬비가 내리는 고요한 경내의 종무소에 앉아 문득 지나온 시간들을 떠올려 본다. 꿈 많던 남해 아가씨는 아름답고 눈부신 인생을 꿈꾸었지만 현실은 여전사의 삶을 살지 않았나 하는 다소 엉뚱한 생각이 든다. 내가 여전사가 된 것은 오로지 한 가지, 우리 가정을 지켜내기 위한 기도 때문이었는지도 모르겠다. 우리 가정을 지켜 달라고 힘을 달라고 어느 날은 엉엉 울면서, 어느 날은 간절히 최선을 다해 부처님께 기도했다.

나는 어려움과 고난을 통해서 많은 것을 배웠다. 어쩌면 신이 내게 시험에 들게 했는지도 모르겠다. 나는 비 온 뒤의 땅처럼 더욱 단단해졌고 더 이상은 어리석게 살지 않기 위해 틈만 나면 부처님께 기도했다. 우리 가족을 지키기 위한 지혜와 용기를 달라고 기도했다. 나에게 가장 좋은 버팀목은 오로지 종교를 통한 믿음과 부처님에 대한 끝없는 간절한 기도였다.

꽃다운 나이를 지나 이제는 주름살 가득한 할머니가 되어 살아온 길을 회상해 보니 모든 시간들이 참으로 귀한 시간의 연속이었고 조용히 눈감으면 인생의 장면 장면들이 오페라의 장엄한 아리아처럼 나를 휘감는다. 평생을 치열하게 살았고 지금은 더할 나위 없이 행복하다. 이 모두가 부처님의 은덕이 아니고 무엇이겠는가?

보광전 부처님 앞에 앉아 기도를 하면서 '아! 저 보광전 문턱이 다 닳도록 기도해야지!'라고 다짐을 했다. 얼마가 남았을지 모를

발길 닿는 그곳에서 부처님을 친견하리

내 인생은 부처님을 위해 더 쓰고 싶다. 이제 가족을 위해서 할 수 있는 건 기도뿐이고, 기도를 계속해 나갈 것이다. 그리고 후배 신도들이 오면 부처님 법으로 이끌 수 있는 선배 불자가 되어 동행하려 한다. 고대로부터 오늘에 이르기까지 고승 대덕님들이 남기신 훌륭한 말씀과 저서, 선지식들의 발길을 따라가며 내 인생의 마지막을 꾸미려 한다.

바라밀상

참다운 안식

일지 하성미

저는 경북 팔공산 자락 절골인 은해사 아랫동네에서 태어났습니다. 집 주변에는 갓바위, 불굴사, 거조암 등 유명한 사찰이 많이 있었지요. 어린 시절 20분 거리에 있는 거조암을 놀이터 삼아 오가던 기억이 있습니다. 친구들이랑 자전거를 타고 코스모스가 핀 비포장 농로를 달리며 길가에 주렁주렁 달려 있던 밤을 따 먹기도 했지요.

60년을 한결같이 다니신 어머니 손을 잡고 은해사 말사인 묘봉암을 4시간 정도 걸어서 다니곤 했으며, 중학교 때엔 은해사 주최 불교학생회 수련회에 참여하여 지금도 눈만 감아도 그려지는 은해사 전경들과 생생히 들리는 은해사 주변 계곡 물소리를 즐겨 듣고 보고 자랐습니다.

저와 절 인연은 그렇게 자연스럽게 당연히 가야 하는 곳인 것처럼 시작되었습니다. 착하고 귀여운, 공부 잘하는 일남 사녀 중 막내딸로 태어나 대학을 졸업하고 대기업에 취직하여 직장 상사인 남편을 만났습니다. 나이 차이가 좀 있는지라 남편은 아버지처럼 자상하고 제가 원하는 것은 무엇이든 다 해 주는 바다 같은 사랑을 제게 주었고, 20대 후반에 너무 일찍 사모님이라는 호칭을 들을 수 있게 해 주었습니다.

갓 결혼하여 세상 물정 모르고 순수하고 콧대도 높았던 저에게 너무나 아픈 소식인 친정아버지의 폐암 소식이 전해졌습니다. 스물아홉 살 저에게는 하늘이 무너지는 듯한 아픔이었고 어떻게 해서든지 아버지를 꼭 살리고 싶었습니다. 헌신적인 저의 간호가 시작되었고, 꼭 나을 것이라는 믿음과 살아 계실 때 잘 해 드리고 돌아가시고는 후회하지 않으리라는 마음으로 간호를 하였습니다.

폐암절제수술을 받으시던 날 새벽 일찍 갓바위 부처님을 찾아 팔공산에 올라 기도를 드렸습니다. 아침 일찍부터 시작된 수술이라 수술실로 들어가는 아버지를 뵙지 못해 아쉬운 맘으로 수술하는 8시간 내내 밖에서 대기하였습니다. 그러던 중 회복중이라는 전광판 메시지를 보고 안도의 한숨을 쉬는 것도 잠깐, 다시 수술 중이라 메시지가 떴고 급하게 혈액 공급을 하고 3시간이 더 걸려 11시간 만에 수술이 끝났습니다. 알고 보니 수술 후 봉합이 잘못되어 회복 중 혈관이 터져 재수술을 하였던 것입니다. 부처님 가피로 다행히 그 힘든 순간을 이겨내신 것 같았습니다.

그렇게 계속되는 투병 생활을 지켜보는 저도 사람인지라 시간이 갈수록 몸도 맘도 지쳤습니다. 나중에는 저렇게 아프고 힘드신

발길 닿는 그곳에서 부처님을 친견하리

것보다 오히려 우리 아버지 새 몸 받아 다시 태어나는 것이 더 좋겠다는 맘까지 들었습니다. 제 마음이 아버지를 놓아 드려서인지 2년 6개월의 투병 생활을 마치시고 아버지는 돌아가셨습니다.

다른 환자들에 비해 그래도 오래 사셨다고 주변 분들이 말씀하셨습니다. 그래도 참 많이 아팠습니다. 한낱 힘없는 제 자신이 원망스럽고 허탈했습니다. '세상에 아무리 열심히 해도 안 되는 일도 있구나!' 깨닫게 되었습니다. 너무 힘들고 아픈 사람들을…… 지친 그 가족들을…… 수술실에서 중환자실에서 그리고 병실에서 너무도 많이 보았습니다. 저의 작은 가슴으로는 품고 사랑하기가 힘이 들었습니다. 그러면서 저의 어둠은 시작되었습니다.

세상물정 모르고 자존심 강한 내게 들이닥친 어둠

아버지가 그렇게 가시고 저에게도 새로운 인연이 찾아와 예쁜 아기가 태어났습니다. 아마도 저의 아픔을 잊게 해 주기 위한 선물인 것 같았습니다. 직장 다니는 남편과 예쁜 아기랑 주변 사람들이 부러워할 만큼 행복한 가정을 꾸려 나갔지만 마음 한구석은 항상 외롭고 허전했습니다.

그런데 포항에서 사업을 하던 언니가 3년 동안이나 계속 동업을 하자고 요구하였고 "함께 열심히 일해서 잘살아 보자"는 생각으로 친정어머니, 가족들의 반대에도 다니던 직장을 그만두고 살던 집도 팔고 둘째 아이 임신 6개월째에 대구에서 포항으로 이사를 했습니다. 아마도 이런 결정을 내린 이유도 깊은 외로움으로 가족과 함께하고 싶다는 마음에서 비롯된 듯합니다.

하지만 현실은 제 생각과 달랐습니다. 자기주장이 강한 언니네와 동업은 견디기 힘들 정도로 저를 힘겹고 아프게 했고, 포항에 내려와 보니 '노동력과 자금 부족'으로 저희와 손을 잡자고 한 것 같았습니다. 그렇게 믿었는데…… 조금도 의심하지 않았는데…… 그냥 믿고 내려왔는데…… 오히려 남이었다면 사전 조사라도 했을 터인데…….

백화점 식품관에서 시장을 보던 제가 이제는 재래시장에서 물건을 사야 할 형편이었습니다. 남편께 뭐라 할 말이 없었습니다. 그리고 7대3이라는 사업 이익금에 대한 부당한 배분. 돈 앞에서는 너무도 냉정한 언니 형부와 아무리 열심히 일해도 회사 기여도에 대한 불만 등으로 괴로운 시간을 보내다 보니 스트레스로 인해 둘째 아이를 9개월 만에 조산하게 되었습니다. 3년쯤 지나자 갑자기 몸이 아파 오기 시작했습니다.

저는 언니처럼 불만을 말로 다 표현하지 못하고 나오는 말도 목구멍으로 꿀꺽 삼킬 만큼 참고 또 참는 그런 동생이었습니다. 언니를 미워하기 싫었지만 원망만 쌓여 갔습니다. 어떻게 이런데도 같이 동업을 하자고 요구하고 직장을 그만두라고 하였으며 이사까지 오라고 하였을까? 이해하려고 했지만 참 받아들여지지가 않았습니다. 이렇게 사는 시간이 길어지자 온몸이 너무나 아프고 가

발길 닿는 그곳에서 부처님을 친견하리

슴이 답답해서 숨을 쉴 수가 없었고 목구멍에 커다란 덩어리가 막고 있는 듯 밥을 삼킬 수도 없었습니다.

빨리 나아서 어린 두 딸아이를 키워야 하는데……. 이곳저곳 여러 병원을 찾아갔고 입원을 해 검사를 해도 갑상선항진증 외에는 별다른 병인이 없었습니다. 그러자 동업을 하던 언니도 걱정이 되었는지 자신이 다니는 절의 기도 스님을 소개해 주었습니다. 그분 말씀으로는 저희 시댁 조상 영가님이 저를 따라다니며 아프게 한다고, 기도만 하면 낫는다며 기도하고 천도재를 올리라고 하였습니다.

저는 너무나 무지한 상태였고, 세상에 어떻게 이런 일이 나한테 일어날 수 있을까 하는 충격에서 벗어날 수 없었습니다. 그래도 병원에서 괜찮다 하니 어쩔 수 없이 그 스님을 스승 삼아 기도를 시작하게 되었습니다. 그런데 이제 와서 생각해 보면 왜 신경정신과에는 가 보지도 않고 한의원도 가 보지도 않고 그 스님 말씀만 믿고는 너무나 겁에 질려 떨면서 앞으로 내가 무당이 되면 어쩌나 싶어 시키는 대로 다 하였을까? 후회를 많이 하였습니다. 병인은 우울증과 화병이었는데 말이지요. 뒤늦게 안 사실이지만, 그 스님은 비구계도 없었고 제대로 불법을 공부하지 않은 무당과 스님이었습니다.

버티다 버티다 7년의 동업을 끝내고 남편은 형부로부터 독립을 하였습니다. 어리석음의 극치였던 저는 그 스님의 어둠과 함께 6년 기도를 시작하였고 남편은 수호천사처럼 늘 제 곁을 지켜 주었습니다.

내가 읽고 있는 경이 무엇인지, 무슨 내용인지 알고 싶었습니다. 조계종불교대학에 입학을 하였고 그 스님께서 추천해 주신 기도 관음정근을 죽을 동 살 동 실천했습니다. 육식은 거의 하지 않고 매달 3,000배, 6년 동안 매일 새벽기도 동참에 하루 3~4시간의 관음정근, 사시예불 참석과 108배……. 원래 허약체질이었던 저에게는 너무나 무리한 고행이었습니다.

절을 오가던 길에 봄이면 흐드러지게 핀 벚꽃들을, 한여름 목청을 돋우며 울던 매미 소리, 노란 은행잎과 예쁘게 물든 이름 모를 나뭇잎들, 차가운 겨울 밤바람과 새벽녘 맑고 깨끗한 빛으로 세상을 환히 밝히던 흰 눈, 이 모든 것을 친구 삼아 고행을 하였지요.

정화된 새벽녘의 맑고 깨끗한 세상을, 미주알고주알 지저귀는 산새 소리와 법당에 앉아 기도를 하노라면 살결에 와 닿는 바람의 느낌을 가장 좋아하게 된 것도 기도 생활 덕분이니 참으로 감사한 일입니다. 기도 덕분에 답답했던 가슴은 일상생활을 할 수 있을 만큼 후련해졌지만 여전히 몸이 힘들기는 마찬가지였습니다. 어쩌면 가장 맑고 순수했던 시기이지만 어둠에 가려서 그 아름다운 세상과 제가 가장 행복한 사람이란 것을 알아차리지 못하였던 것 같습니다.

늘 나는 왜 이리 초라한 걸까? 세상은 이리도 아름다운데 벚꽃을 바라보며 내게도 저렇게 눈부시게 아름다운 날이 다시 올까? 그렇게 되길 간절히 바라며 어둠과 함께 많이도 울었답니다. 법당

발길 닿는 그곳에서 부처님을 친견하리

에서 기도를 할 때면 항상 맨 끝 구석 자리에 앉았고 원래 성격과는 달리 남들 앞에서 말하기도 꺼리게 되었답니다. 혹 다른 분들께 저를 따라다닌다는 그 영가가 보일까 봐 걱정한 탓에 구석에 숨어 남들 앞에 나서지 못하는, 참 어리석은 생활을 하였답니다. 정말 자존심 강했고 맑은 것을 간절히 바라던 저였으니까요.

낮에는 남편과 열심히 일을 하였습니다. 그 스님이 시키는 대로 기도를 시작하였지만 우울하고 슬픈 마음과 고된 현실은 나아야 할 몸을 더 아프게 만들었고 저도 지칠 대로 지쳤지만 남편도 그러한지 잠시 정신을 잃고 쓰러지는 일이 있었습니다. 병원에서는 다행히 아무 이상이 없다고 하였지만 너무나 놀란 저는 저도 건강한 몸이 아닌데 남편까지 아프면 어린아이들은 어떻게 하나 하는 걱정에 또 사로잡혀, 늘 긴장 속에 남편을 보살펴야 한다는 강박에 시달렸습니다.

어디를 가든 옆에 꼭 따라갔고 남편이 눈에 보이지 않으면 걱정부터 앞섰습니다. 그리고 부처님이 원망스러웠습니다. 그렇게 죽도록 기도했는데 부처님이 계신다면 이럴 순 없다고, 내가 지금 바른 공부를 하고 있는지 의문과 회의가 밀려왔습니다. 그러자 몸은 더 아팠고 먹어도 배가 허해지며 온몸에 힘이 쭉 빠지고 호흡을 하여도 가슴이 시원하지 않고 너무나 답답하였습니다. 나중에는 몸이 너무나 긴장되고 경직되어 숨을 편하게 쉴 수가 없었습니다.

기도 중 느낀 점도 얻은 점도 많았지만 원천적으로 잘못된 기도 방법은 몸을 소진할 대로 소진시켜 2년을 밖에 나가지 못하고 집

안에서만 생활하게 되었습니다. 밖에서 좋다는 약을 구하고 구해다가, 좋다는 방편은 다 써 보았지만 차도는 없고 그로 인해 비용만 엄청나게 쓰게 되었지요. 정말 살려고 지푸라기라도 잡던 시기였습니다. 지금 돌아보면 부처님께서 저에게 정신 차리고 바른 공부를 하라고 남편을 통해 기회를 주신 듯합니다.

힘도 없고 호흡이 잘 되지 않아 집에 있으면서 여러 법문을 많이 듣고 책을 많이 읽었습니다. 잘못된 기복 기도에 매달리며 마음공부는 전혀 하지 않았던 기도, 무조건 시간을 정해 그 시간을 채워야만 마음이 편하고 오늘 해야 할 숙제를 다 했다는 식의 기도, 그렇지 않아도 아팠던 몸을 더욱 혹사시키는 잘못된 수행을 하고 있던 제 자신을 발견하였습니다. 그리고《왓칭》이라는 책을 읽다 이 구절에서 갑자기 온몸에 전율을 느끼며 눈물을 흘렸습니다.

이 세상의 모든 고통은 지친 걸음을 잠시 멈추고 마음속을 들여다보라는 신호이며 들여다보면 고통을 일으키는 온갖 생각이 사라진다.
슬픔은 스쳐 가는 것에 매달리지 말라는 신호이고 들여다보면 슬픔을 일으키는 생각도 사라진다. 내 힘으로 안 될 땐 너무 애쓰지 마라. 내 팔다리의 힘도, 내 몸뚱이의 열정도, 내 두뇌의 생각도, 나를 휘감는 온갖 감정도, 사실은 바깥세상에 속한 것이다. 바깥세상을 움직이는 모든 건 내 마음속에 들어 있으며, 바깥세상은 착각의 세계이며 그 속에서의 몸부림을 멈추고 대신 마음속을 들여다보라. 들

발길 닿는 그곳에서 부처님을 친견하리

여다보면 무한한 공간이 열려 시야가 무한해진다. 내가 그토록 매달
리던 것도 붙들고자 했던 것도 얻으려 애쓰던 것도 죄다 스쳐 가는
허상이었음을 깨닫게 된다.

무한한 공간 속에 사랑으로 가득한 무한한 존재가 들어 있으며 그
존재와 분리될수록 나는 점점 작아지고 그 존재와 하나가 될수록 나
는 점점 커진다. 그 존재 앞에 나의 모든 아픔과 두려움을 있는 그대
로 드러내고 맘껏 눈물을 뿌리고 나에 대한 모든 비판과 심판을 내
려놓아라. 나를 완전히 열어 놓고 나의 모든 것을 완전히 내려놓을
때 무한한 존재와 하나가 된다. 그래야 비로소 참다운 안식을 얻게
된다.

참다운 안식 속에서 모든 새로움이 태어난다. 견디지 못할 시련은
존재할 수 없다. 왜냐하면 나 스스로 써 놓은 각본 때문에 중간에 배
역을 포기하지 않으면 반드시 도움의 손길이 나타나 연극을 무사히
마치도록 해 준다.

"반드시 도움의 손길이 나타나 연극을 무사히 마치게 해 준다"
는 구절처럼, 그러던 차에 한 스님의 법문을 만나게 되었습니다.
여러 법문을 통해 저의 어리석었던 삶을 돌아보고 저의 병의 원인
을 알게 되었습니다. '어리석음으로 인해 서른일곱 살부터 시작된
황금 같은 나의 10년 세월을 허비하였던가?' 눈물이 흘렀습니다.
그리고 살고 싶었습니다.

이렇게 미완성 어둠투성이로 계속 갈 수는 없다는 생각이 저를

일으켜 세웠습니다. 눈 밝은 스승님을 진작 만났더라면 지금처럼 힘들지 않았을 텐데…… 그 스님이 계신 절에 너무나 가고 싶었습니다. 그런데 체력이 따라 주지 않아 망설이던 중 한 보살님의 도움으로 그 절에 간신히 갈 수가 있었습니다.

운이 좋게도 그곳에서 하룻밤을 자고 올 수 있었습니다. 그런데 그 다음 날 신기하게도 힘도 나고 컨디션도 많이 좋아져 돌아오는데 별 문제가 없었습니다. 한 번 다녀오고 나니 용기가 생겼고, 스님도 무한 용기를 주셨습니다. 한 달을 영양제를 맞아 가면서 3시간 거리의 충청도에 계신 스님 절을 매주 찾아갔습니다.

두 번째 갈 때는 옥천까지, 세 번째 갈 때는 절 근처까지, 네 번째는 절 주차장까지, 다섯 번째는 법당에서 스님 법문을 들을 수가 있었습니다. 갈수록 버틸 수 있는 체력과 힘이 생기게 되어 정말 신기하고 행복했습니다.

"스님, 통증이 너무나 심합니다. 어떡하죠?"

"그 아픈 것 나한테 다 주고 아프지 마라."

"지금부터 입꼬리 올리고 웃어라."

"통증은 자기를 더 사랑하라고 단단하게 만들어 주기 위함이니 오히려 감사드려라. 같은 우리 편이라는 사실을 더 단단히 훈련시키는 것인 줄 알고 사랑하라."

저한테 이렇게 말씀하신 분은 만났던 그 많은 분 중 오직 '그 스님'뿐이십니다. 정말 고맙고 감사했습니다. 그리고 그 고통들에도 감사합니다. 그 고통들 덕분에 진정한 불법을 만나게 되었으며 세

발길 닿는 그곳에서 부처님을 친견하리

상의 아픔을 볼 수 있었고 이기적인 나에서 세상의 아픈 이들을 이해하고 품을 수 있는 더 크고 성숙된 나를 만나게 되었다는 것을 '알아차림'하였습니다.

또한 '심한 우울증 환자가 이 증상을 극복하고 나면 가장 훌륭한 우울증 치료의 명의가 될 수 있다'는 생각에 심리상담 공부를 시작하였고 자격증도 가지게 되었습니다. 남편이 하는 사업이 방송장비 스크린 프로젝트 설치업이라 여러 절에 인연이 닿아 영상장비를 설치하며 부처님 가피로 살아가고 있습니다. 또한 많은 분들이 좋은 법문을 볼 수 있도록 스님들의 좋은 법문은 직접 촬영하여 유튜브에 올리는 봉사도 함께 하고 있습니다.

내 속에 모든 것이 있는데 밖에서 헤매고 또 헤매는 저에게 내가 창조주임을, 내가 짓고 내가 받는 모든 현실은 내 마음이 만든다는 것을 깨우쳐 주신 스님! 오직 나에게 일어나는 모든 생각과 감정들을 알아차림하고 지켜보면서 누가 주인인지 누가 객인지 착각에 빠지지 말라고 일러 주신 스님! 몸의 고통으로 직접 공부하고 있는 제 자신을 보면서 스님의 법문 하나하나가 얼마나 소중하고 귀한 것인지를 가슴 깊이 느꼈습니다.

불고 공부를 할 수 있어 행복한 하루하루

1초 전의 과거도 저에게 영향을 줄 수 없는 밝은 마음의 지금 현실에서, 과거도 미래도 제가 필요한 용도로 마음대로 꺼내 디딤 돌로 사용할 수 있는 공부를 오늘도 열심히 하고 있습니다. 자고 일어나면 제일 먼저 하는 일이 다짐하는 것입니다. "지금 숨 쉴 수 있어 감사합니다. 오늘도 선물 받은 1,440분을 진정으로 사랑하는 데 사용하겠습니다. 행복하게 해 주는 데 사용하겠습니다. 깨닫도록 해 주는 데 사용하겠습니다" 하고 다짐합니다.

그리고 제 스스로 자불등이 되고자 어두운 사람들을 밝히기 위해 아이들 학원 선생님, 병간호로 힘들어하는 친구, 가족 관계로 회사 일로 힘들어하는 친구들에게 작은 힘이지만 스님 법문을 소개하고 저 나름의 경험을 나누며 '오늘은 뭘 줄까?' 하는 마음으로 살려고 노력하고 있습니다. 다시 제가 온 고향으로 돌아가야 할 때 '부끄럼 없이 나 잘 살고 돌아가노라!' 크게 한번 웃고 갈 수 있게 나침반이 되어 주신 스님과 부처님께 감사드립니다.

아직도 전생 업이 많아 몸이 완쾌되지 않고 늘 아프지만 불교 공부를 할 수 있어 행복했습니다. 어떤 인연으로 기도를 시작했든지 간에 너무나 괴로웠던 시기에 미친 듯이 부처님께 기도 드리며 보낼 수 있어서 다행이라 생각합니다. 어쩌면 불법을 만나지 않았다면 지금 제 모습은 어떠할지 이런저런 생각을 해 봅니다. 또 다음 생에는 몸 아프지 않고 훌륭한 스승님을 만나 제대로 불법 공부를 해 보고 싶다는 마음도 듭니다.

한 스님의 잘못된 말 한마디에 깊은 상처를 받고 정말인 줄 착각하여 제 스스로를 폐쇄된 공간에 가둬 놓고 아픈 몸과 영가에 대한 두려움 속에서 불안에 떨면서 지낸 시간들. 기도하지 않으면 안 된다는 강박 속에 산 시간들이 너무나 아깝지만, 그 시간들이 밑거름이 되어 지금의 제가 있으매 그 시간들 또한 제가 겪어야만 하였을 시간들이라 생각하니 오히려 감사합니다.

그동안 기도하면서 제일 부러웠던 것은 몸 아프지 않고 즐겁게 절에 공부하러 다니시던 보살님들이었습니다. 마음껏 기도하고 공부하고 봉사도 하고 싶지만 저처럼 아파서 못 하는 분들도 계십니다. 그러니 앞으로도 정말 행복하고 선택 받았다고 생각하시면서 짧은 인생길에서 제대로 열심히 부처님 공부 하셨으면 참 좋겠습니다.

또한 세상을 바라보는 관점을 바꾸게 해 주시고 남 탓하며 두 번째, 세 번째 화살을 맞지 않게 해 주신 부처님! 무한한 힘 · 무한한 자비 · 지혜가 내 속에 있는 것을 가르쳐 주신 부처님, 정말 감사드립니다.

바라밀상

변화된 나, 변화하는 나

원연행 최연수

스무 살 이후 내가 탄 비행기의 첫 목적지는 인도였다! 인도 사띠 스쿨과 동국대학교 경주캠퍼스 불교학부가 MOU 체결을 맺어 우리 학부 학생들에게 인도 현지에서 명상 체험을 할 수 있는 기회가 주어졌다. 보름 동안 진행되는 프로그램은 처음 일주일은 명상 체험을 하고, 나머지 일주일은 성지순례를 하게 되어 있었다. 부처님 나라에 직접 가서 당신의 발자취를 따라 걸어 보고, 호흡의 흐름을 느껴 보고 싶었다.

사람은 살면서 자기 앞에 중대한 선택의 기회가 몇 번 찾아온다고 한다. 이번 선택이 나에게 그 중요한 선택들 중 하나가 될 것이라는 예감이 들었다. 설렘을 안고 비행기에 올랐다. 약 2주간의 인도에서의 경험은 나에게 세 가지 큰 깨달음을 주었다.

변화된 나, 변화하는 나

인도 성지순례가 가져다준 깨달음

첫째, 내가 얼마나 우물 안 개구리로 살아왔는지 알게 되었다. 한국을 벗어나 타지에 나가 보니 넓은 세상 속에서 바라본 나는 너무도 작았다. 나에게는 내가 보는 세상이 전부였다. 크고 작은 도전 속에서 겪어 온 실패들에 쉽게 좌절하며 스스로의 한계를 나도 모르게 결정짓고 있었다.

인도에 도착하여 일주일간 오전, 오후, 저녁 시간에 좌선, 행선을 하며 내 안의 소리에 귀 기울였다. 처음에는 집중이 잘 안 되었고, 아무 말 하지 않고 가만히 있는 것조차 힘들었다. 하지만 금세 조용하고 차분한 분위기에 젖어들었고, 날이 갈수록 집중이 잘되었다.

명상을 하면 내가 현재 가지고 있는 여러 가지 불필요한 생각들을 하나씩 제거할 수 있다. 나는 평소 목표를 정하면 바로 실천에 옮기는 데까지 많은 시간이 걸린다. "과연 내가 할 수 있을까?" "내게 너무 과분한 도전인가?" "실패하면 어떡하지" 등 다양한 번뇌 망상이 떠오르고, 시작 전부터 겁을 먹는다. 그냥 하면 된다고 주변에서 말하지만 그 조언은 나를 변화시킬 만큼 힘을 갖지는 못했다.

하지만 명상은 달랐다. 내가 지금, 들이마시고 내쉬는 이 짧은 호흡의 반복 속에 삶을 유지하고 있다는 사실을 체득한 이후부터 매 순간 삶이 너무나 소중하게 느껴졌고, 매일 아침 눈을 뜨며 오

발길 닿는 그곳에서 부처님을 친견하리

늘도 잘 살아갈 수 있음에 감사했다. 하루하루 감사한 마음의 축적은 나의 내면에 강한 힘과 열정을 가져다주었다. 삶이 힘들고 지칠 때, 명상은 나에게 있어 피난처라 해도 과언이 아니다. 호흡을 바라보는 것만으로도 불안한 마음을 가라앉히고 안정시킬 수 있기 때문이다.

작년 이맘때다. 나는 금정중학교에 종교(불교) 과목으로 교생 실습을 나갔다. 1학년의 한 반을 배정 받아 부담임 역할도 해 보고, 법사님께서 담당하시는 2~3학년 수업도 한 달간 진행했다. 배정 받은 반의 학생들을 상담하는 시간도 있었다. 막 자라는 학생들에게 도움을 주고 싶은 마음은 가득했지만, 실질적으로 상담 관련해서 아는 것이 없었던 터라 주로 고민을 듣고 격려해 주었다.

나의 역할은 경청뿐인 상담 속에서 학생들은 그때 같이 이야기 했던 시간들을 기억하며, 잊지 못할 추억이라고 내게 말해주었다. 부처님께서 고통에 빠진 사람들에게 알맞은 약을 처방하셨듯이 학생들의 아픔에 적절한 치유 방법을 알려 주고 싶었고, 그 마음이 굳어져 현재 불교상담학과 대학원에 진학해 있다.

내가 힘든 순간이 되자 그들의 힘듦과 아픔이 생각났고, 보였다. 역지사지의 자세는 직접 겪어 보니 더 와 닿았다. 다양한 경험을 하면서, 나를 사랑하는 방법을 이제는 자신 있게 말해 줄 수 있다. 한계란 내가 지은 것이다. 내가 그어 놓은 선은 다른 누구도 아닌 나만이 깨뜨릴 수 있다.

현지에서 배운 명상법은 한국과 크게 다르지 않았다. 지금, 여

변화된 나, 변화하는 나

기에 집중하여 나의 숨소리를 관찰해 보는 것. 크게 다른 것이 있다면 주어진 환경과 명상에 투자한 시간이다. 열악한 환경이 주어졌고, 오랜 시간 명상하기 위한 체력이 요구되었다. 사람은 환경에 적응하는 동물이라는 말을 들은 적이 있다. 그러한 환경에 적응하는 과정 속에서 두 번째 큰 가르침을 배웠다.

둘째, 당연시 여겼던 것들에 대한 소중함이다. 어찌 보면 짧고 어찌 보면 긴 24년의 시간을 살아가며 그동안 내가 누렸던 모든 것들에 대한 소중함을 인도에 머무는 기간 동안 절실히 느낄 수 있었다. 한국에서 마음껏 마시던 물도 인도에서는 겨우 구할 수 있었고, 힘들게 구한 만큼 아껴 마시고 사람들과 나눠 마셨다. 물에 석회수 성분이 많아서 샤워할 때도 씻어도 씻은 느낌이 아니었고, 물이 잘 나오지 않아서 수도를 틀어 큰 바가지에 물을 받은 다음 시간이 좀 지나야 씻을 수 있었다. 바가지에 물을 한 번 채우는 데도 많은 시간이 걸려서 한 번 채워 놓은 물로 룸메이트와 나누어 씻기도 했다. 추운 날, 차디찬 물로 씻어야만 하는 고통은 이루 말할 수 없었다. 조금만 덜 차가워도 행복해하며 어린아이처럼 좋아했다. 그 순간에 행복을 느낄 줄 꿈에도 몰랐다. 이것이야말로 소확행(소소하지만 확실한 행복)이 아닐까?

성지순례 기간 동안, 버스 이동만 7~8시간이 걸린 날에는 그 사이에 화장실이 없어 성별을 나눈 다음 대부분 길 밖에서 해결하곤 했다. 우연히 발견한 화장실은 문도 제대로 닫히지 않아 2인 1조로 움직여야 했고, 보통 휴지가 없어서 휴대하고 다녀야 했다.

발길 닿는 그곳에서 부처님을 친견하리

귀국 후 인천공항 화장실에서 휴지와 세면대에 따뜻한 물이 나오는 것을 보았을 때의 감동 수치는 최고조를 달렸다.

이처럼 물, 휴지, 편안한 침대, 따뜻한 집, 나를 반겨 주는 가족, 친구들, 아무렇지 않게 생각했던 모든 것들이 너무나 그리웠다. 나는 익숙함을 경계할 필요성을 크게 느꼈다. 지금까지의 나는 낯선 것을 경계했고, 그래서 늘 새로운 것에 대해 두려움이 있었다. 지나고 보니 내가 평소 자주 사용하는 "당연하게"라는 단어는 쉽게 쓰면 안 되는 말이었다. 모든 것이 다, 아주 많은 인과관계가 얽히고 얽혀 이루어진 결과물이고, 그 결과물이 되기까지 보이지 않는 많은 사람들의 관심과 수고가 녹아 있다는 사실을 이제야 조금씩 알아간다.

또한 인도에서는 구걸하는 사람의 수가 상당히 많았고 연령대가 다양했으며 그중에서도 정말 어린 아기들도 구걸을 하며 하루하루 지내는 것을 보고, 마음이 너무나 무거웠다. 의무 교육 체계를 갖춘 우리나라에서 공부의 이유를 찾지 못한 채, 대학에 와서도 신입생 시절 시험을 앞두고 불평을 쏟아내며 스트레스를 받았던 순간이 떠오르면서 내 자신이 부끄러웠다.

공부를 하고 싶어도 여건이 좋지 못해 어쩔 수 없이 포기해야 하는 경우도 있는데, 충분히 할 수 있는데도 변명을 해 가며 미루고, 내일을 핑계 삼아 또 미뤘던 그때의 나에게 말해 주고 싶다. 시간은 내가 생각한 만큼 너그럽게 기다려 주지 않는다고. 그러니 열심히 할 수 있을 때 최선을 다하라고 말이다. 이 말은 앞으로 내 자신이 나태해질 때마다 꺼내어 읽어 줄 것이다.

그렇게 매일을 열심히 살아가고자 하는 내 꿈은 힘든 상황에 처한 사람들에게 조금이나마 보탬이 되어 도움을 줄 수 있는 사람으로 성장해 가는 것이다. 책을 읽고, 원하는 공부를 하고, 또 새로운 곳으로 가서 많은 것을 배우고 느끼고……. 난 행복한 사람이란 걸 다시 한 번 느끼며 감사의 마음을 가져 본다.

한편 인도에서의 경험은 혼자가 아니라, 다 같이 함께했기에 이 모든 걸 감수하며 지낼 수 있었고, 그래서 더 애틋한 추억으로 기억되기도 한다. 어려움 속에서 다양한 교훈을 찾을 수 있었다. 종합해 보면, 내가 가진 것이 결코 작은 것이 아니라는 생각을 가장 많이 했다. 그 생각은 나아가 가진 것이 많이 없어도 행복을 어디서든 찾을 수 있게 해 주었다.

생각의 전환을 가져온 부처님의 가르침

마지막으로, 모든 것은 다 마음에서 이루어진다는 부처님의 말씀을 바탕으로 어제보다 오늘 더, 날마다 새로운 나날을 살아가기 위해 힘써야겠다는 굳은 의지가 생겼다. 이전의 나는 의지도 의욕도 없었다. 그냥 하루하루 의미 없이 보내기 일쑤였다.

프랑스 시인 폴 발레리는 다음과 같은 말을 남겼다. "생각하는 대로 살지 않으면 곧, 사는 대로 생각하게 된다." 이 말을 처음 알게 된 경로는 아버지를 통해서였다. 언제나 능동적인 삶을 살아오신 아버지 눈에 비친 나의 모습은 수동적인 삶 그 자체였기 때문이다.

단호하면서도 부드러운 어조로 말씀해 주신 아버지의 모습이 여전히 생생하다. 그리고 혼자서 그 말을 읊조려 보았다. 마치 젊음이 영원한 것처럼 욕망이 이끌리는 대로 살아온 지난날이 수도 없이 많았다. 그리고 생각했다. 어제와 같은 오늘을 사는 나에게 기적은 일어날 수 없다는 것을. 계획과 실천의 중요성을 생각하며 이젠 새로운 나로 바뀌고 싶었다.

내가 이런 생각의 전환을 가지게 된 가장 큰 바탕은 부처님의 최후의 가르침을 가슴속에 새긴 뒤부터다. '제행무상 불방일(諸行無常 不放逸)', "모든 만들어진 것은 변하니, 부지런히 정진하라." 학부 때 전공 강의 중 가장 기억에 남고, 지금도 여전히 내 길의 나침반이 되어 주는 말씀이다. 모든 것이 변한다는 말 속에는 좋은 것이 영원하지 않다는 슬픈 사실도 있지만 나쁜 것 역시 계속 지속되지 않는다는 희망의 메시지를 함께 안고 있다.

또한 방일의 원래 뜻은 'pamada', 팔리어로 '술에 취한 상태'이다. 술에 취하면 이성적 판단이 흐려져 타인과 자신 모두에게 선보다 악을 행할 위험이 크기 때문에 '불'방일하라 하셨다. 즉, 이성의 끈을 놓지 말고 깨어 있는 상태에서 늘 자신과 주위를 살펴 모두에게 선을 행하라는 말씀이 들어 있다. 그 당시 나는 이 부분을 공부하며 배움의 즐거움을 처음 알았다. 보잘것없다고 생각한 나 역시 바뀔 수 있고 변화할 수 있다는 긍정의 메시지라서인지 그때 감흥을 잊을 수 없다.

또한 괴로움과 행복함 모두 마음에서 결정되어 행동으로 나타난다. 스스로 선택에 따라 나는 나의 기분을 조정할 수 있다. 슬픈 삶을 살 수도, 기쁜 삶을 살 수도 있다. 내가 어떤 선택을 하느냐에 따라 주변의 분위기 역시 만들어 가는 것이다.

나는 힘든 일이 닥치면 일단 피하려고 했다. 거기에 부딪혀 싸울 자신이 없었고, 끝내 이겨내지 못하고 상처 받을까 봐 두려웠다. 자신의 한계를 단정 짓고, 남과 끊임없이 비교하며 어느새 나는 나의 가장 든든한 편이 아니라 적이 되어 있었다. 다른 사람에겐 한없이 친절했지만 나 자신에겐 그러지 못했다.

그렇게 도망자의 삶을 살다 부처님 가르침을 만난 이후부터 나는 내 삶에 자신감을 얻기 시작했다. 늘 조연이었던 나를 아껴 주고 믿어 주고 응원하며 주인공으로 만들어 주려 노력했고, 지금도 노력하고 있다. 그 결과 잠자리에 들며 내일이 기대되었고, 피곤함 속에서도 즐거움을 찾으려 했고, 적게 가져도 행복했다. 자연을 느끼며 같이 이야기할 상대가 있음에 감사했고, 건강한 신체를 가지고 있음에 다시 한 번 감사하며, 새로움을 받아들이려는 자세를 잃지 않았다. 이렇게 변하기까지 조금 오랜 시간이 걸렸지만 앞으로도 새로운 사람으로 거듭나기 위한 노력을 게을리하지 않을 것이다.

어둠 속 갇혀 있던 나를 꺼내 주신 부처님의 또 다른 말씀은 "천

발길 닿는 그곳에서 부처님을 친견하리

상천하 유아독존(天上天下 唯我獨尊)", "하늘 위 하늘 아래 내가 가장 존귀하다"는 가르침이다. 앞서 나는 누군가에게 도움을 줄 수 있는 사람이 되고 싶다고 했지만, 나의 말에는 큰 모순이 있었다. 누군가를 사랑하려면 자기 자신부터 사랑할 줄 알아야 하기 때문이다.

내 꿈을 이루기 위해서라도 나는 내 자신을 사랑할 것이다. 그렇게 이 세상에 하나밖에 없는 나를 조금 더 사랑하고, 더 보살피고, 가장 든든한 나의 편이 되어 주기로 결심했다. 이 가르침은 나에게 인간의 불성은 가장 존귀하고 평등한 것임을 알게 해 주었고, 내 안에 무한한 능력이 있음을 알게 해 주었으며, 나의 주인은 다른 누구도 아닌 바로 나임을 믿게 해 주었다.

또한 이 가르침을 배우며 내가 중요한 만큼 다른 사람도 중요하다는 생각이 들었다. 우리 모두 그런 소중한 존재라는 사실을 기억하며 다시 돌아오지 않을 오늘을 각자 나름대로 의미 있게 보냈으면 좋겠다. 쉽게 포기하고 용기를 잃어버렸던 과거의 나를 반성하며, 미래를 위해 현재를 열심히 살고자 노력하는 지금의 나를 열렬히 응원하며 이 글을 마친다.

과거에도 머물지 말고, 미래·현재에도 머물지 말라.

과거·현재·미래, 어디에도 머물지 않는다면

생사의 고통을 받지 않는다.

_《법구경》애욕품 348

기도의 힘

박은철(○○)

부처님께 귀의합니다.
부처님께서 가르치신 진리에 귀의합니다.
부처님의 가르침을 실천하는 승가에 귀의합니다.

　새벽녘 여명이 밝아 오는 순간 나는 새로운 희망을 꿈꾼다. 보이지 않는 바람 소리와 그 속에 묻어나는 희미한 꽃 내음도, 바람 따라 흔들리는 풍경 소리도 절대 밝을 것 같지 않던 칠흑 같던 밤도 여명이 오는 순간 깨어난다. 모두가 우주의 일체임을 나는 느낀다. 겨울나무처럼 살아가리라. 다 벗어 버리고도 꼿꼿한 자세, 다 비우고도 꽉 찬 기운으로 끈기와 기다림으로 시절인연이 오면 본래의 모습을 피워내는 것은 잠시도 자기를 잃어버리지 않음이리라.
　뭔가를 배우기 위해서는 그것으로부터 고개를 돌려서는 안 된다. 삶의 폭풍이 몰고 오는 바람과 추위와 어둠에 맞선다는 것이 결코 쉬운 일이 아니지만 그래도 꼭 겪어야 할 일이다. 천명의 적을 이기는 것보다, 자신을 이기는 것이 더 강한 자이다. 자신을 이기려면 내가 누구인지 스스로 알아야 하리라.

어머니, 어머니, 나의 어머니

교정 기관에서 무기수라는 신분으로 이름 대신 수번으로 살아온 지가 어느덧 10년이 흘렀다. 지금은 오랜 꿈이던 방송통신대학에 입학하여 못다 한 배움의 길을 가고 있으며, 열심히 모범수로서 살아가고 있다. 하지만 처음부터 생활이 순탄한 것은 아니었다. 이유가 무엇이든 간에 나는 살인을 저지른 죄인이다. 살인자라는 내면의 갈등과 죄책감, 그리고 이기심 모든 것이 나로 인한 것임을 자각하지 못했던 나는 죽은 삶을 살고 있었다.

오고 감이 무의미한 삶이었고, 희망이라는 단어는 그저 행복에 겨운 사람들이 내뱉는 것이며 꺼져 버린 연탄과도 같은 내게는 부질없는 것이었다. 희망이 과연 무엇이란 말인가. 손으로 잡을 수 있는 것도 아니고, 누가 파는 것도 아니며, 길어다 쓸 수도 없는, 전혀 생산적이지 못하며, 달콤한 말로 그럴싸하게 포장해 놓은 고문과도 같은 것이며, 무얼 위해서 희망을 가져야 하고 무얼 기다리며 기대해야 하는지 나는 알지 못했다. 나의 하루는 지옥과도

발길 닿는 그곳에서 부처님을 친견하리

같았으며, 그저 죽고 싶지만 살아 숨 쉬어야 하는 이기심과 죄책감이 공존하는 나는 야차나 다름없었다. 그런 공허한 시간들이 거듭될수록 나는 피폐해져만 갔고, 더 이상 아무것도 남지 않은 내 이성에 한 줄기 빛이 내리쬐기 시작한 것은 어머니의 존재 때문이었다.

10년 전 항소심 선고 날 나는 무기형을 언도 받았다. 눈물이 흘렀다. 그 눈물의 의미는 중형에 대한 억울함이 아니라 나의 죄가 얼마나 무거운 것인지 다시 한 번 깨달음에 있었다. 그날 차마 아들의 재판에 참석할 수 없었던 어머니는 화상 접견으로 화면 너머에서 울고 있는 나를 아무 말씀 없이 두 팔 벌려 꼭 안아 주셨다.

어머니의 두 뺨 위에 흐르는 눈물은 나의 죄를 씻어 주기 위한 참회의 눈물이었음을 나는 지금에서야 짐작한다. 다함없는 보살님과도 같은 크나크신 어머니의 마음을 어찌 헤아릴 수 있을까. 비록 화면 너머였지만, 그 따스함은 지금도 잊지 못한다. 꼭 부처님 품 안에 안긴 느낌이었다. 내가 어릴 적에도 잘못을 저질러 아버지께 회초리를 맞고서 울다 지쳐 잠이 들면 슬며시 약을 발라 주시고는 가만히 꼭 안아 주셨던 기억이 난다.

어머니의 존재는 나에게 따스함과 치유의 화신이었다. 그날 이후로 어머니께서는 지금까지 하루도 거르지 않고 매일 기도를 하신다. 108배를 비롯하여 불경을 독경하시는 것을 하루의 일과로 삼고 계신다. 언젠가 어머니께서 하신 말씀이 생각난다. "아들아, 너는 지금의 내가 새로 낳은 늦둥이란다. 지금부터 한 걸음 한 걸음 참회라는 화두를 들고서 하루를 살았으면 한다."

'아……, 이 못난 아들로 인해서 어머니께서는 또 한 번 산고의 고통보다도 더 큰 고통을 짊어지셨구나'라고 생각하니 뜨거운 눈물이 끝없이 흘렀다. 그날 나를 위해 늘 기도하시는 어머니를 위해서 부처님의 품 안에서 잠들고 깨어나기를 발원했다. 과연 좋은 삶이란 무엇일까? 어떻게 살아야 행복한 삶을 살 수가 있을까? 참회라는 화두를 들고서 스스로 무던히도 많은 노력을 했다.

치열하게 사는 거다. 내가 살아 숨 쉬는 동안 스스로에게 부끄럽지 않도록 진심으로 참회하고 새로 배워 나가는 것이다. 남보다 더 배우고, 더 가지고, 더 잘 산다고 그 누가 알아주랴. 남에게 보여 주기 위한 어리석음에서 벗어나 스스로 부끄럽지 않은 행을 할 수가 있을 때 진정 편안함을 얻을 수 있을 것이라는 생각이 들었다. 햇살이 필요한 꽃들이 간절하듯이 내게도 나를 찾을 수 있는 기도가 필요했다.

처음 불교에 다가선 것은 《반야심경》 염송을 통해서였다. 기관에서 매주 주최하는 불교 집회 및 교리 행사에 꾸준히 참여하면서 그곳에서 뵙게 된 인행 스님께서는 합천 해인사에 모셔진 《팔만대장경》 중에서도 《금강경》을 으뜸으로 치며, 그 《금강경》의 핵심 정수가 바로 《반야심경》이라며 추천해 주셨다. 《반야심경》은 우리의 참모습을 발견하여 행복을 얻는 길을 가르치는 경전이다. 반야의 지혜로 오온이 비었음을 깨달아야 괴로움에서 벗어날 수 있다는 것이 《반야심경》의 요체이다. 처음에는 잘 읽히지도 않았고, 외우기도 무척 힘이 들었지만 읽고, 쓰고, 외우며, 누가 툭 건드리기라도 하면 자동으로 《반야심경》이 나오도록 반복하고 또 반복했다. 과연 불법의 힘이란 참으로 대단한 것이었다.

지난 세월 항상 욕심내고 성내고 어리석은 탐·진·치, 삼독심이 끊임없이 반복되는 삶을 살면서 모든 존재는 무상하고, 무아라는 진리에 무지한 상태에서 마음은 욕탐에 결박되고 분노에 빠져든 삶을 살았다는 것을 깨닫는 순간 나는 울고 또 울었다. 나에게 불법은 기적과도 같은 선물이었다.

이것을 계기로 나는 불교에 관련된 서적들을 읽기 시작했다. 기초 교리부터 《금강경》과 《화엄경》을 읽고 또 읽고, 부처님의 가르침에 한 발 더 다가서기 위해 부단히 노력했더니, 처음에는 낯설고 어색했던 단어와 내용들이 머릿속에 들어오고, 더 나아가 가슴속에 빛이 되어 꽃이 피기 시작했다. 환희심에 불타 오른다는 것이 이런 것이구나 하고 느끼게 되었다. 나도 모르게 나는 바뀌어가고 있었다.

불법으로 하루하루 변화하고 참회하는 삶

처음에는 사람들이 나를 가까이 하지 않았다. 화를 잘 내고 잘 어울리지 않는 나를 멀리하는 사람이 대부분이었고, 나는 철저히 혼자였다. 하지만 불교를 알고 부처님을 알게 된 지금은 얼굴이 눈에 띄게 밝아졌고, 잘 웃고, 불법이라는 매개체를 통해 주위 사람들과 많은 대화를 이끌어내고 있다. 얼마나 큰 변화인가, 스스로 놀랍고 대견할 따름이다.

나는 불법 공부와 더불어 기관에서 서예를 배우고 있다. 서예를 시작하면서 정서적으로 많은 도움이 되었다. 무엇보다도 부처님의 말씀을 내 나름대로의 방식으로 표현도 해 보고 그려도 보고, 더욱더 가슴 깊이 새기게 되는 기회도 되었다. 붓을 잡고 새하얀 화선지에 부처님 말씀을 새겨 나가다 보면 시간 가는 줄도 모른 채 집중할 때가 있다. 옆에서 지켜보고 계시던 주임님께서 향기가 나는 것 같다고 말씀을 하신 적이 있는데, 아마도 부처님 말씀을 새기면서 삼매에 빠진 모습을 보고 힘을 북돋아 주신 것 같다.

매년 교정 작품을 출품하면서 첫 작품으로 쓴 글귀가 생각이 난다. "제악막작 중선봉행 자정기의 시제불교(諸惡莫作 衆善奉行 自淨其意 是諸佛敎)." 바로 칠불통계(七佛通戒)이다. 모든 악은 짓지 말고, 모든 선은 받들어 행하라. 스스로 그 뜻을 깨끗하게 하는 것, 이것이 모든 불교의 가르침이다. 수많은 세월이 흐르는 동안 수많은 선승들이 하신 귀한 말씀의 결론은 결국 모든 것은 마음에서 비롯된다는 것이다. 부처님께서 설하신 팔만대장경, 그 많은 귀한 설법을 큰 가마솥에 넣고 푹 삶고 다려 남은 글귀가 딱 하나라면 무엇일까? 바로 심(心)이라고 한다.

지나간 어제의 모든 것들을 아끼고 후회한들 무엇 하리, 있지도 않은 내일을 바라고 기다린들 지금 무슨 소용이 있겠는가. 지금

한순간 우리의 마음자리가 어떤지, 거울에 비친 내 모습이 어떤지, 알아차릴 수 있으려면 마음을 살펴야 한다는 것을 절실히 느낀다. 난 그렇게 어둠 속에서 밝은 빛으로 한 걸음씩 내딛고 있었다.

고마움, 그리고 미안한 마음과 함께 시작된 방송대 생활은 지금의 내가 이렇게 행복해도 될까? 하는 마음이 들 정도로 행복하다. 처음엔 과연 내가 잘할 수 있을까? 처음 접하는 학과 공부라서 낯설게 느껴졌고, 잘하고 싶은 마음으로 인한 부담감 때문에 스스로를 옥죄기도 했다. 하지만 그럴 때마다 힘을 주시는 어머니의 말씀은 나를 편안하게 해 주었고, 노력한 만큼 결과는 따르는 법이란 것을 알게 되었다. 지금은 늦게 시작된 공부가 힘이 들면 그래서 더 힘이 나고, 또 다른 삶의 도전이라고 생각하니 즐겁고 활기가 넘친다. 내가 하고 있는 이 공부가 단지 학문을 넓히는 것만으로 삶을 살 수 있도록 만들어 가는 것이라고 생각하면서, 늘 한결같이 깨어 있는 하루를 살고 항상 바른길을 걸어갈 수 있도록 부처님께 나를 맡긴다.

나의 일상은 하루 새벽 기도로 시작된다.《능엄신주》독송을 시작으로 108배, 잠들기 전《금강경》독송까지 주위의 동료들에게 피해를 주지 않도록 조심스럽게 기도를 이어가고 있다. 물론 힘이 들고 지칠 때도 있다. 새벽에 눈뜨기가 힘들어 기상 시간까지 잠들고 싶은 적도 여러 날이다. 하지만 그때마다 나와 함께 기도로 하루를 여는 어머니께서 나를 이끌어 주신다. 매주 화상 접견 때마다《금강경》을 화제로 대화하며, 도반으로서 삶을 함께하고 있다.

기도의 원력은 대단한 것이다. 불과 몇 년 전만 해도 아무런 희망이 없다고 생각했던 나에게 희망의 빛을 새겨 주었다. 어둠이 깊을수록 간절한 빛처럼 부처님의 광명이 내게 비추어지는 것 같다. 하루가 채워지고 비워질 때마다 난 새롭게 태어난다. 오늘이 금생의 마지막인 것처럼 살고 싶다.

전생부터 오늘에 이르기까지 얼마나 많은 생을 거쳐 왔는지는 헤아릴 수 없지만, 업보를 녹일 수 있는 마지막 기회라고 여기며 부처님의 발자취를 따라갈 것이다. 쉽지 않은 길이라는 것을 안다. 하지만 또다시 실패는 없다. 죽을 각오로 하루를 대하는데 어찌 실패가 있을 수 있겠는가. 인생길에 홀로 선 겨울나무처럼 버텨내리라.

내 마음 밭에 봄비 오는 날, 꽃은 피리라. 새벽에 일어나 맞이하는 하루는 맑아서 좋다. 흐리면 더 좋고, 비 오면 더 좋다고 생각하며 다듬어진 길을 가는 것은 수월하지만, 없는 길을 만들어 가다 보면 힘들어도 보람을 얻을 수 있을 것이다. 그 선택은 오로지 각자의 몫으로 짊어지고 가는 것이다.

욕심을 버리겠습니다.
선행의 길을 가겠습니다.
바른 마음을 가지겠습니다.

발길 닿는 그곳에서 부처님을 친견하리

부모님께 도리를 다하겠습니다.
부처님 말씀을 따르겠습니다.
제가 쌓는 자그마한 공덕이라도 온 우주에 회향되어지길 발원
합니다.

　새벽 기도는 늘 새롭다. 무한한 힘의 원천, 변화하는 자연 속으
로 오감을 열면, 끊임없이 이어지는 소리와 빛의 형상을 만난다.
쪽빛 옷 위 얼룩진 백팔 배의 굵은 땀방울, 신묘장구대다라니가
끊임없이 이어지는 간절함은 부처님 품 안에서 느껴지는 평온의
세계, 더 이상의 걸림돌은 없다.
　모두가 나를 위한 디딤돌인 것을 안다. 참회하는 삶을 살 것이
다. 진정으로 깨달을 수 있을 때 참회의 눈물을 흘릴 수 있는 그날
까지 힘들어도 갈 것이다. 시절인연이라는 희망을 안고서, 그물에
걸리지 않는 바람처럼, 소리에 놀라지 않는 사자처럼, 진흙탕에
물들지 않는 연꽃처럼, 무소의 뿔처럼 꿋꿋하게 정진해 나갈 것이
다. 나는 부처님의 가르침을 받는 수행자다.

자성인 중생을 제도하겠습니다.
자성인 번뇌를 끊겠습니다.
자성인 법문을 배우겠습니다.
자성인 불도를 이루겠습니다.

바라밀상

법향과 묵향에 취하다

신경민(○○)

우리는 인생을 흔히 연극 무대에 비유하곤 한다. 그것은 굳이 대문호 셰익스피어의 말을 들추지 않더라도 우리네 삶이 멈춰 세울 수도 없고 되돌릴 수도 없는 현재진행형이란 사실을 받아들일 수밖에 없기 때문이다. 어느 시점, 어떤 계기로 인해 인생관이 바뀌고 삶의 방향이 전환되었음을 스스로 인정하고 구분을 짓고자 하는 것이다. 그런 의미에서 볼 때 내 삶은 크게 3막으로 나눌 수 있고, 지금의 나는 두 번째 무대에 올라 있다. 이따금 무심결에 들여다보게 되는 1막 무대에는 다소 낯설고 이질감마저 느껴지는 내가 있다.

∞

20년 가까이 대리점 유통업을 하면서 경쟁업체와 치열한 살아

남기 전쟁을 치르느라 낮과 밤을 가리지 않고 거래처를 누비는 내 모습은 난장판을 뛰어다니는 천둥벌거숭이가 따로 없었다. 그 당시엔 누구보다 열심히 살고 있다 여겼고, 그렇게 사는 것이 잘사는 것이라 믿어 의심치 않았다. 하지만 그런 버둥거림이 사실은 채워지지 않는 헛헛한 가슴, 영원히 채워질 수 없는 욕망을 향한 공허한 몸부림에 지나지 않았다는 것을 인생 2막에 들어선 후에야 깨닫게 되었다.

2000년 뉴밀레니엄이라는 초특급 프리미엄을 안고 온갖 상술이 난무하던 그 시기에, 내게는 대박이라는 유혹이 찾아왔고 나는 그 미끼를 덥석 물고 말았다. 당시 지역에 대학이 들어선다며 학교 부지와 근린 상권에 속하는 상가 건물을 짓기 위해 터닦기와 함께 홍보가 한창이었다. 2년 전 IMF 외환위기를 지나면서 크게 어려움을 겪던 대리점을 정리하고 새로운 사업을 물색 중이던 내게 건설업체의 요직에 있던 지인이 찾아와 목 좋은 곳의 상가 두 개 층을 추천했다.

그동안 주로 거래처를 확보하고 관리하는 루트 영업을 해 오면서 가족과 함께 보내는 시간이 부족한 점을 늘 아쉬워했던 나는 매장을 열어 두고 손님을 맞는 영업에 대한 동경이 있었던지라 곧장 공사 현장을 둘러보고 이미 가등기까지 등록된 것을 확인하고는 바로 계약을 했다. 워낙 입지 조건이 좋다 보니 원하는 사람이 많다며 전액을 선납하라는 얘기를 곧이듣고 가지고 있던 돈과 가족, 지인의 투자까지 받아 완납을 하고는 행복한 꿈에 부풀어 지낸 것이 불과 며칠이나 되었을까. 그동안 그토록 요란하게 공사하고 홍보하던 업체가 하루아침에 감쪽같이 자취를 감추고 말았다.

어이없게도 수백억에 달하는 부동산 사기 사건의 여러 피해자 중 한 사람이 되고 만 것이다. 한마디로 억장이 무너졌다. 아내와 아직 유치원에 다니는 아들딸을 데리고 살아갈 길이 막막했다. 애초에 맨손으로 시작했던 나였기에 내 것은 원래부터 내 것이 아니었다고 생각하고 처음부터 다시 시작하면 된다지만, 나라는 사람만 믿고 차용증 한 장 바라지 않고 노후 생활 자금인 40년 공직 생활 퇴직금을 선뜻 맡긴 어르신과 4남매 학자금으로 모으던 돈을 내어준 누님. 그리고 결혼까지 미뤄 가며 축사를 확장하기 위해 모아 둔 돈을 흔쾌히 내맡긴 영농인 친구까지……. 어떻게든 일부라도 되찾아야겠다는 생각에 잠복까지 해 가며 그 지인을 1년 가까이 추적해 봤지만 아무런 소득이 없고 날이 갈수록 나와 내 주변은 점차 피폐해갈 뿐이었다.

경찰에서는 이미 장기 수사로 전환을 한 상태여서 포기를 해야만 했다. 그때부터 돈이 되는 일이라면 장기라도 떼어 팔겠다는 마음으로 동분서주했고, 이때 난 이미 삼독에 깊이 중독된 상태였다. 모든 걸 잃었다는 상실감은 물질을 좇는 조급함과 만나자 추악한 탐심이 되었고, 보다 신중하지 못했던 내 자신의 어리석음을 탓하는 자책은 자괴감을 부채질하여 치명적인 진심(嗔心)이 되어 급기야 이성의 눈을 가리고 마는 치심(癡心)까지 전이되고 말았다. 그리고 그 끝엔 세상에 그보다 더 귀한 것이 없다는 귀중한 한 생명을 앗아가는 최악의 결과가 기다리고 있었다.

한 번의 생이 끝나고 다시 시작된 삶

무기징역. 내 인생은 끝인 줄 알았다. 기실 그렇게 한 번의 생이 끝나고 있었다. 단지 육신의 자유를 잃고 담장 안에 갇혀 있다는 현실로 인해 무대가 바뀐 것이 아니다. 오로지 타인의 삶을 바라보며 비교하고 모방하려 좇던 세상적인 사고, 시선이 비로소 내 자신에게로 향하게 된 것이다. 그동안 책을 읽는다는 것은 사치라고 여길 만큼 바쁘게 달려왔던 내게 그 사치를 누릴 수 있는 충분한 시간이 주어졌고, 그때부터 눈에 띄는 책이란 책은 장르에 관계없이 닥치는 대로 읽어 나갔다.

어느 봄날이었다. 성철 스님의 법문이 실린 월간 서적을 접하고 인과의 의미와 자아성찰의 필요성을 깨닫게 된 그 시점이 바로 내 두 번째 인생 무대의 시작이라 하겠다. 그저 재수가 없었고, 우연이 겹쳐서 큰 죄를 짓고 영어의 몸이 되었다 여기던 내게 인과의 법문은 내 자신을 더욱 세밀하게 들여다볼 수 있도록 이끌었다. 현재의 업은 그동안 차곡차곡 쌓인 습이 결과가 되어 나타난 것임을 알게 된 것이다.

그렇게 시작된 불법으로의 내디딤은 산다는 것이 내 마음을 잘 들여다보고 다스리기에 따라 고달프고 힘에 겨운 고행이 아니고 외로움에 맞서다 지치고 마는 고행이 아니라, 몸과 마음이 편안하고 살찌는 기름진 여행인 고행(膏行)이 될 수 있다는 것을 일러주었다. 한때는 지독한 자괴감에 버리고만 싶었던 하루하루가 부처님 가르침을 하나씩 깨우치고 실천에 옮기면서부터 너무나 소중해서 해가 지는 게 아쉬울 정도였다. 나에게로의 여행, 관조와 구경의 여행은 그야말로 새로운 삶, 다시 남을 선물이었다.

매주 법회와 교리 시간을 통해 스님들께 받아 심은 불심의 싹은 무럭무럭 자라고 있었지만 짧은 시간이 너무나 아쉬웠는데 통신 교육을 통해 포교법사 과정을 공부할 수 있는 불교대학이 있음을 알게 되었고, 바로 신청해서 4학기를 공부해 수료하면서 보다 깊고 넓은 법해를 유영할 수 있게 되었다.

하지만 여전히 목마름은 가시지 않았고, 갈증을 해소할 다른 뭔가가 필요할 때에 접하게 된 것이 사경이다. 한학을 하셨던 선친의 영향으로 어릴 적부터 묵향에 친숙했던 나는 이곳에서도 서예를 할 수 있는 서예반이 있음을 전해 듣고 신청을 해서 테스트를 거쳐서 붓을 들 수 있게 되었다. 그날부터 나의 밤은 법향과 묵향에 취해 시간을 잊게 되었다.

눈을 통해 들어와서는 심장을 관통한 감로법이 손을 빌려 종이 위에 옮겨지는 사경이야말로 내가 갈망하던 바로 그것이었고, 그 이상이 없는 최상의 행복이었다. 사경을 시작하면서부터 내 기도는 늘 한결같다.

"내가 하고자 맘먹은 사경을 포기하지 않고 끝까지 해낼 수 있도록 마음을 붙들어 주소서."

맨 먼저 시작은 한문《반야심경》을 삼천사하는 것이었다. 붓을 들고 화선지 위에 쓰기를 하루에 열 번씩 300일 만에 마칠 수 있었다. 그다음은《금강경》을 백팔사하는 것이었다. 5,286자로 된 한문《금강경》을 한 글자 한 글자씩 자형을 익히고 뜻을 새기며 써 나갈 때의 시간은 더 이상 나의 것이 아니었다. 가슴은 설레었고, 마치 사춘기 소년의 그것인 양 긴장과 희열 그리고 전율의 합주였다.

밤을 꼬박 지새우면서도 수마의 방해는커녕, 순찰 직원이 제발 이제 그만하고 자라며 부탁을 할 정도였다. 그렇게 목표로 한《반야심경》과《금강경》을 모두 마치고 나니 이번엔《금자장경(金字藏經)》에 대한 욕심이 솟구쳤다. 흰 화선지에 먹을 이용해 경전을 옮기는 사경도 좋지만 칠보보다 귀중한 경전인데 기왕이면 보다 화려하고 아름답게 옮겨 적고 싶다는 바람이 크게 일어 도전을 하게 되었다.

이곳의 여건상 재료와 도구를 갖추는 데에 한계가 있기 때문에 먹선 화선지를 만들어 그 위에 금묵으로 써야 하는데 그 과정이 만만치 않았다. 먼저 구도를 잡기 위해 흰색 화선지에 연필로 사경을 하고, 그 위에 먹물과 물을 배합해 입혀야 하는 먹탕 작업은 먹의 농도와 기온, 습도가 적합해야만 쓸 수 있게 나오는 거라서 수차례 실패를 거듭하고 나서야 방법을 터득할 수 있었다.

그렇게 녹록치 않은 과정을 거쳐 준비된 묵지이건만 금묵을 사용해 한 자씩 써 내려가다 보면, 찰나의 망념으로 전체를 망가뜨리는 경우가 다반사였다. 이미 자형은 충분히 익힌 터라 오직 집중만이 필요했다. 먹탕 작업과 금묵 사용이 익숙해지고 집중에도 자신감이 생기자 연습량도 늘게 되었고, 공모전에 출품도 하게 되었다.

몇 차례 낙선을 예상했는데 첫 출품부터 특선이라는 의외의 성적을 내게 되자 더욱 의욕이 타올랐다. 《반야심경》과 〈법성게〉를 다양한 구도로 작품을 하고, 법공양을 하면서 정진을 하던 중에 급기야 《금강경》을 10폭짜리 병풍으로 담아내기를 작심하고 1년여를 매달린 끝에 완성을 해 지난 2018년 교정작품공모전에 출품을 한 것이 대회 최고상인 대상, 법무부장관상을 수상하는 영예를 얻기에 이르렀다.

그저 포기하지 않고 완성을 해낸 것만으로도 충분히 만족하고 스스로 대견해하던 차에 그런 큰 상을 수상하게 되어서 너무나 기쁘고 감사할 따름이었다. 그 후로도 《부모은중경》과 〈회심곡〉을 비롯해 범어로 쓴 진언까지 폭을 넓히고 있다. 이제 또 다른 큰 목표를 세웠다. 총 6만 9,394자로 된 《묘법연화경》을 먹으로 사경하여 한 권의 책으로 제본하겠다는 서원을 갖고 날마다 연습에 정진하고 있다.

법해에 뛰어들어 참 진리와 함께 유영하는 시간

10여 년 전 이곳에서 배우고 익혀 연마한 지식과 기술로 패션디자인 산업기사 자격을 취득한 후로 낮 시간엔 작업장에 출역해 각종 옷을 만드는 일을 하고, 밤에만 붓을 잡아야 하는 까닭에 《법화경》 완성은 4년을 예상하고 진행 중이다. 호흡을 고르고 붓을 든 다음, 법해에 뛰어들어 참 진리와 함께 유영하는 시간은 내 인생에 보너스로 주어진 삶이라고 생각하곤 한다.

사경을 하는 불자로서의 화두는 선정삼매이다. 마음을 한 곳에 붙들어 매는지와 이를 바탕으로 법해에 머물면서 세밀히 들여다보는 관의 경지. 완벽한 지관선정의 순간을 경험하고픈 것이다. 더불어 보다 많은 대중이 사경을 통해 감로법으로 피를 맑게 하고 육신을 정갈하게 하며, 마음에 걸림이 없는 무애의 바다, 무차의 세계를 거니는 진정한 전정삼매를 경험할 수 있기를 간절히 발원한다.

사경의 공덕은 여러 경전에서 강조하고 있다. 그 가운데 《법화경》〈분별공덕품〉에 이르기를 "사경을 하거나 남으로 하여금 사경을 하도록 하는 것은 무량공덕하여 하늘이 가없는 것과 같이 그 복 또한 그와 같으리라" 했다. 나는 이미 그 무량공덕에 감싸인 채 살고 있지만 여기에 더하고픈 두 가지 발원이 있다.

하나는 죽는 순간까지 사경하는 붓을 놓지 않는 것이다. 다른 하나는 사회로의 복귀와 함께 시작될 제3막 인생에서 무연고 독

거노인의 노년과 사후를 관장하는 비영리 수목장을 운영하기 위해 가족과 함께 준비 중인데, 이런 계획과 의지가 꺾이지 않는 3막이 되기를 나는 매순간 발원한다.

끝으로 부처님오신날 봉축 행사조차 연기하는 초유의 사태를 몰고 온 감염병으로 인해 육체적 고통과 경제적 어려움을 겪고 있는 사부중을 비롯한 모든 대중에게 시방삼세 부처님과 팔만사천 큰 법보의 가피가 깃들어 함께하기를 불전에 엎드려 빈다.

얼마나 닦아야
거울 마음 닮을까

김우진(○○)

사각 철창 너머로 보이는 하늘이 오늘 따라 유독 파랗게 보인다. 지난밤 새벽녘까지 바람이 심하더니 그 덕에 미세먼지도 어디론 가 실려 갔는지 시선 가는 곳마다 마치 가을하늘마냥 눈이 시리 다. 언제쯤이나 되어야 자유로운 세상에서 이 하늘을 볼 수 있을 까? 간절히 자유를 갈망하면서도 한편으론 '그래, 이만큼이나 살 고 있는 게 어딘가' 하는 마음으로 살면서 나 자신을 다잡아 본다. 이곳에 들어온 지도 어언 18년. 파란 하늘이 스크린 되어 한 편의 영화처럼 내 지난 시간들이 눈앞을 스친다.

∞

2003년 5월. 300일에 이르는 지루한 재판이 끝나고 마침내 판 결을 앞둔 그날, 새벽 다섯 시가 채 되지 않아 나는 저절로 눈이

얼마나 닦아야 거울 마음 닦을까

떠졌다. 내 남은 생의 운명이 결정되는 날이라는 것을 몸뚱이도 알았는지 잠이 들고서도 밤새 뒤척이며 헤맨 끝이었다. 벌써 십수 년 전 일이라 대개의 것들이 가물가물한 중에도 한 가지 기억나는 것은, 무심코 올려다본 창살 너머 하늘이 아침부터 엷은 구름으로 뿌옜다는 것이다. 순간 나는 그것이 무슨 불길한 전조라도 되는 양 덜컥 수심에 빠져들었다. 한데 그러고 나서 채 몇 분이 지나지 않아 이번에는 창밖 어디선가 까치 소리가 들려왔다. 나는 그 소리가 또 무슨 계시나 희소식이라도 되는 양 대뜸 낙관에 빠졌다. 그렇게 마음이 요란하게 파도를 탔다.

"피고 김성진을 무기징역에 처한다."

그러나 판사의 무감한 목소리는 나의 바람에 아랑곳없이 최악의 결과를 알릴 뿐이었다. 저지른 죄가 있기에 중형이 내려질 것을 얼마간 예견하고는 있었지만, 실제로 맞닥뜨린 무기징역이라는 판결은 나의 예상과 각오를 모두 넘어서는 것이었다.

형이 확정된 후 부산교도소로 이송이 된 나를 괴롭힌 것은 두 가지였다. 하나는 무기라는 말이 자아내는 기약 없음, 그러니까 절망이었다. 말 그대로 기한 없이 징역을 살아야 했다. 무엇을 보고 무엇을 바라고 살아야 하는지 알 수 없었다. 손바닥만 한 희망이라도 있어야 살 것 아니냐고, 누구에게든 발악이라도 하고 싶은 심정이었다.

하지만 정작 나를 못 견딜 만큼 괴롭힌 것은 바로 나 자신에 대한 혐오감이었다. 사람의 목숨을 빼앗았다는 사실에서 오는 죄책

발길 닿는 그곳에서 부처님을 친견하리

감이 그때야 비로소 시나브로 나를 갉아먹기 시작한 것이다. 한 사람의 생명을 빼앗고서도 무기징역이라는 말 하나에 세상 다 끝난 것처럼 주저앉은 나 자신이 참말로 역겨웠다. 그러면서도 잠을 자고 밥을 먹고 똥을 싸다니, 나는 하루같이 나 자신을 저주할 수밖에 없었다.

자기혐오에 빠진 인간이 제대로 된 생활을 할 수 있을 리가 없었다. 나는 작은 일에도 걸핏하면 발끈했고, 주변에서 하는 별것 아닌 말에도 곧잘 침울해했다. 자존감은 가뭇없이 사라져서, 좋은 뜻에서 해 주는 말까지 비꼬는 소리로 들리기 일쑤였고 심지어 밖에 있는 가족과 연락을 하고 얼굴을 보는 것마저 견디기 어려운 일이 되어 버렸다. 쉽게 말해 지나가는 바람에도 상처를 받고 성을 내는 지경이었다.

극단적인 생각을 한 것도 한두 번이 아니다. 나 자신부터 스스로를 벌레 보듯 하니 남들도 다 나를 그렇게 보는 것만 같고, 영원히 철창 안에 갇혀 살다가 그렇게 비루한 몰골로 숨이 끊어질 것만 같아서, 차라리 죽자, 하는 생각이 시도 때도 없이 온 정신을 사로잡았다. 그것은 마치 천 길 벼랑 사이에 외줄을 매어 놓고 올라선 것과 같아서 위태롭기만 했다.

돌이켜 생각건대 그 와중에 불교방에 들어가게 된 것이 나에게는 하나의 작은 씨앗이었다. 물론 처음에는 전적으로 사심의 발로였다. 애초 불교 공부를 열심히 하는 수형자들이 여남은가량 모여 염불과 독송과 찬불가 등을 하며 지내는 방이었지만, 나는 그저 내 몸의 편의를 위해 불교방에 기어들었던 것이다. 교도소 측에서도 불교방 수형자들은 모범 수형자로 보고 더 많은 편의와 호의를 제공해 주기 때문에 나 나름대로 잔머리를 굴린 것이다.

자기혐오와 죄책감에서 벗어날 수 있다면

다만 불교방 나름의 규칙이 있기 때문에 아침저녁으로 예불도 드리고 틈나는 대로 독경과 염불도 해야 했다. 듣고 보고 따르자니 부처님의 가르침이나 스님들 말씀은 하나같이 틀린 바가 없었기에 그저 따라 하는 데는 큰 거부감이 없었다. 게다가 나 역시 차츰 귀가 솔깃하고 마음이 동하기까지 했다.

'아, 나도 이 말씀처럼 깨닫고 홀가분해질 수 있다면, 성불은 아니더라도 다만 이 죄책감과 자기혐오에서만이라도 벗어날 수 있다면!' 나도 모르는 사이에 속에서 그런 외침이 들렸다. 특히나 《천수경》의 한 구절에서 나는 눈을 뗄 수 없었다.

죄무자성종심기 심약멸시죄역망(罪無自性從心起 心若滅時罪亦亡)
죄망심멸양구공 시즉명위진참회(罪亡心滅兩俱空 是卽名謂眞懺悔)

그 생각만 했다. 뭔가 실마리가 보이는 듯했기 때문이다. 마음이 문제다. 죄는 죄가 아니다. 마음 하나 고쳐먹으면 죄도 사라진다. 그러면 참회를 이룰 수 있다. 허구한 날 그 생각에 빠져 지냈다. 괴로워했던 날들이 모두 헛일인 것만 같고 당장 내일이라도 가붓해져서 죄 없는 맑은 마음이 될 것만 같았다. 해서 오늘이야 내일이야 하면서 기대하고 기다렸다.

그러나 그뿐이었다. 조금도 나아지지 않았다. 어두운 마음 사라지라고 만날 빌었지만, "죄는 본래 자성이 없어 마음 따라 일어나니 마음 모두 사라지면 죄도 함께 사라지리", 훤히 보이는 그 뜻이 도무지 가까워지지 않았다. 막연하고 멀기만 했다. 말 그대로 뜬 구름만 같았다.

결국 얼마간 안정이 되는 듯하던 머릿속과 생활도 다시 들썩이기 시작했다. 조급해지기만 했다. 왜 안 되는 것이냐고 누구에게든 따지고 싶었고, 역시 성인들에게나 어울릴 법한 가르침이라고 지레 포기하고 싶었다.

그때부터였다. 공장에서 방으로 돌아오면 그저 형식적으로 예불을 드리고 새벽에 일어나 부처님 전에 올리는 108배도 그냥 운동이려니 하며 기계적으로 하기 시작했다. 한마디로 모든 것에 대충대충이었던 것이다. 그런 생활이 하루, 이틀 계속 이어지니 같이 생활하는 도반들이 금방 눈치를 채고는 모두들 날 걱정스러운 눈빛으로 보기 시작했고 나는 주변에서 그러거나 말거나 생떼 쓰는 어린아이마냥 더 막무가내로 살기 시작했다. 당연히 주변 사람들과도 멀어지기 시작해서 어느 순간부터는 같은 방에서 종교 생활을 하면서도 말 한마디 잘 안 나누는 사이가 되어 버렸다.

그러던 어느 날 대법회를 비롯해 여러 불교 행사에서 반주를 도맡아 하던 동생이 운동 시간에 잠깐만 얘기를 나누자는 것이었다.

"형님, 종교 생활이 그렇게 힘들면 취미 삼아서 반주를 한번 배워 보는 건 어때요?"

"반주를 배우라고?"

"그래요, 반주를 배우다 보면 마음공부도 되고 또 나름대로 재미도 있을 거예요."

나는 갑자기 무슨 생뚱맞은 소린가 싶으면서도 또 한편으론 '그래, 이 안에서 언제 나갈지도 모르는데 이참에 악기라도 하나 배워 보자' 하는 마음이 들었다.

그렇게 나의 험난한 악기 공부는 시작되었다. 처음에는 '도레미파'도 잘 못 쳐서 독수리 주법으로 근근이 해 나갔고 더딘 실력에 수십 번도 더 때려치우고 싶었지만 이마저도 못하면 대체 뭘 할 수 있겠나 싶은 생각에 마음을 다잡고 악착같이 연습에 매달렸다. 그 결과 조금씩조금씩 실력은 늘었고 덩달아 재미는 덤으로 따라왔다. 바둑에 빠지면 잠자리에 들어도 천장에 바둑판만 보인다더니 내가 딱 그 짝이었다. 몸은 피곤한데 자꾸만 눈앞에 오르간 건반이랑 악보가 아른거리는 것이었다.

'얼마나 닦아야 거울 마음 닮을까'. 오롯이 내 힘으로 처음부터 끝까지 반주한 첫 찬불가다. 도반들을 앉혀 놓고 그 곡을 처음 치던 날, 긴장 속에 잔뜩 굳은 손가락으로 어떻게 쳤는지도 모르고 곡이 끝났을 때 방이 떠나가라 박수를 쳐 주고 마치 자기들 일인 것처럼 좋아해 주던 도반들의 모습. 그날의 감동과 환희는 오랜 시간이 지난 지금도 떠올리면 가슴이 먹먹하다.

첫 반주 이후 나는 법회와 여러 행사에서 조금씩 반주를 보조하기 시작했고 종내에는 수용자찬불가대회를 나 혼자서 이끌어 나갈 만큼 반주자로서 소임을 다하게 되었다. 그렇게 나는 반주자를 거쳐 불교 행사에서 집전을 맡아하는 총무를 거쳐 지금은 부산교도소 500여 명의 참회반 불자들을 대표하는 불교봉사원으로 8년째 봉사하고 있다. 처음 불교방에 올라와 제대로 적응도 못하고 마음 못 잡을 때 악기를 배워 보라는 권유마저 거절하고 불교방에서 나와 버렸다면 그 후 내 삶은 어떻게 변했을까? 아마 모르긴 몰라도 지금과 같은 삶과 편안한 마음은 결코 얻지 못했으리라 감히 장담해 본다.

수형 생활에서 수행 생활로

2004년에 불교방에 와서 16년 가까운 시간 동안 종교 생활을 하고 있으니 어찌 보면 수형 생활이라기보다는 수행 생활이라는 말이 더 어울릴 듯하다. 큰스님들이 우스갯소리로 이곳을 '국립선방'이라고 말씀하시는데 나 같은 경우에는 그 말씀이 딱 정답이구나 싶다. 그렇다고 이곳 생활이 마냥 순탄한 것만은 아니었다. 수많은 사람들이 얽히고설키는 이곳만의 특수한 인간관계 때문에 속상할 때도 많았고 상처 입을 때도 많았다. 특히나, 3년 전 심장에 탈이 나서 생사의 기로에 빠졌을 때는 정말 힘들었다. 그때를 생각하면 지금도 아찔하다.

여느 때처럼 법회를 마치고 뒷정리를 하고 있는데 자꾸만 가슴에 통증이 오는 것이었다. 처음엔 별일 아니겠지 싶어 진통제를 먹고 견뎠는데, 그 다음 날에도 계속 통증이 와서 결국은 의무과에 가 얘기했더니 외부 병원을 한번 나가 보자는 것이었다. 며칠 후 구포성심병원에서 검사를 받았는데 진료를 맡은 의사 선생님이 검사 결과를 보시고는 깜짝 놀랐다. 이유인즉, 심장으로 들어가는 관상동맥 3개가 다 막혀서 지금 당장 쓰러져 죽어도 하등 이상할 게 없다는 것이었다. 최대한 빨리 대학병원으로 가서 수술을 받아야 살 수 있다는 말에 부랴부랴 양산 부산대학교병원 심혈관센터로 가서 다시 정밀검사를 받았다. 그리고 며칠 뒤에 '관상동맥우회술'이란 수술을 받았다.

기존에 있던 관상동맥들을 대신해 왼쪽 허벅지에서 떼어낸 혈관들을 심장으로 새로 이어주는 수술인데, 가슴을 개흉하고 심장을 인공심장으로 임시로 대체해 놓고 하는 큰 수술이었다. 혹시 모를 수술 결과에 대비해 수술 전날 밤에 부산지방검찰청에서 검사가 와서 상태를 확인하고는 '형집행정지'까지 검토하고 갈 정도였으니 한마디로 나는 정말 중환자였던 것이다.

행여라도 못 깨어나면 어쩌나 하는 걱정과 두려움에 밤새 뜬눈으로 지새우고 오전 9시에 수술실로 향했다. 지은 죄를 생각하면

발길 닿는 그곳에서 부처님을 친견하리

목숨에 연연하고 걱정하는 나 자신이 너무나 뻔뻔하고 부끄러웠지만 어쩔 수 없는 인간인지라 수술실로 들어서는 순간 너무나 겁이 났다. 그래도 나도 모르게 "관세음보살, 관세음보살, 관세음보살……" 하고 관세음보살님 명호를 계속 부르고 있었고, 그걸 들은 의사 선생님께서 말씀하셨다. "불자신가 보네요. 너무 걱정할 필요 없습니다. 한숨 푹 자고 나면 다 끝나 있을 거니깐. 몸에 힘 빼시고…… 그럼 마취 들어갑니다."

7시간 가까운 긴 수술이 끝나고 중환자실에서 눈을 떴다. 눈을 뜨자마자 시야에 들어오는 건 가슴으로 연결돼 있는 여남은 개의 호스였고 약간만 움직여도 호스와 이어진 곳에서 숨도 못 쉴 만큼 큰 통증이 물밀 듯이 밀려왔다. 심장에 무리가 갈 수 있어서 최소한의 진통제만 쓴다는 게 의사의 치료 방침이라 중환자실에 있는 동안은 내내 통증과의 전쟁이었다. 사흘 정도 지나 통증이 어느 정도 줄어들고 조금이나마 거동을 할 수 있게 되자 일반 병실로 옮겼다. 일반 병실에서 3주간 기본 재활 치료를 마친 후 교도소 병동으로 옮겨 계속 치료를 이어갔다. 다행히 수술 예후가 좋아서 건강은 나날이 좋아졌고, 3개월 뒤 병동에서 퇴병을 해서 불교방으로 다시 돌아와 내가 맡은 봉사원 소임을 지금까지 이어오고 있다.

가끔씩은 병원 가기 전에 이 안에서 쓰러졌다면 난 어떻게 되었을지 생각해 본다. 심정지 환자에겐 무엇보다 골든타임이 중요한데 이곳의 특성상 쓰러졌다면 아마 백이면 백, 골든타임을 맞출 수 없었을 것이다. 다행히 목숨이 위태로운 심각한 가운데에도 수술 받기 전까지는 별일이 없었으니 그야말로 한량없는 부처님의 가피가 아니겠는가.

살아서 내 업보를 참회하고 씻으라는 부처님의 뜻이라 생각하니 저절로 고개 숙여지고 마음이 숙연해진다. 흔히들 마음먹기에 따라서 몸도 따라간다고 한다. 비록 아침마다 심장약을 비롯하여 온갖 병원 약을 한 주먹씩 털어 먹고 하루를 시작하지만 부처님께서 덤으로 주신 목숨이다 생각하니 힘든 징역살이도 얼마든지 이겨낼 수 있다는 힘과 용기가 생긴다.

온 세상이 '코로나19' 때문에 시끄러운 요즈음이다. 행여나 있을 바이러스 확산 방지를 위해 이 안도 모든 종교 행사 및 가족 간의 접견도 일시 중지되었다. 대구가 고향이다 보니 뉴스를 볼 때마다 생각이 많아진다. 특히나 팔순이 넘으신 부모님을 생각하면 자꾸만 걱정이 앞선다. 이 안에 들어오면 누구라도 효자가 된다더니 매일매일 뒤늦은 후회를 하고 있다.

사회적으로 마스크 품귀 현상이 심해지다 보니 내가 출역하고 있는 양재 공장에서도 긴급히 마스크를 제작하고 있다. 무엇보다 위생 청결이 중요해서 방역과 손세정은 기본이고 위생모에 마스크까지 착용하고 작업하다 보니 많이 갑갑하고 불편하지만 내가 만든 마스크가 어려운 대구, 경북 지역 주민들에게 간다고 생각하면 부모님 생각에 실밥 하나도 허투루 보이지 않는다. 깨끗하게 정리된 마스크들을 보고 있노라면 덩달아 내 마음도 깨끗해지는

발길 닿는 그곳에서 부처님을 친견하리

것 같아 더더욱 온 정성을 다해 마스크를 만들고 있다.

묵묵히 자기 자리에서 최선을 다하는 것. 이것이야말로 수술 후 새 생명을 얻은 내가 가슴에 새긴 가장 큰 깨달음이다. 물론 아직도 나는 부처님 가르침과는 어긋나는 생각과 행동을 할 때가 있고, 순간순간 내 자신의 원칙을 잊기도 한다. 하지만 지금 내가 무기수이면서도 누리고 있는 이 과분한 행복이 부처님의 가르침과 스님 말씀에서 비롯되었다는 사실만은 분명하다.

불교는 신앙이 아니라 신행이라는 스님들의 말씀처럼 나는 오늘도 현재의 자리에서 열심히 믿고 행할 것이다. 그리고 더 나은 내일을 향해 최선을 다해 나아갈 것이다. 황소의 걸음으로 한 걸음, 한 걸음씩……

얼마나 닦아야 거울 마음 닮을까

바라밀상

나를 찾아 떠나는 여행

신정우(○○)

오늘도 저마다의 소원을 가지고 부처님 전에 합장하여 기도 드리는 모든 불자님들의 삶과 가정을 위해 부처님의 가피와, 모든 일들이 형통하게 소원성취되기를 기원 드린다. 많은 사람들은 추억이라는 것을 되새기면서 하루하루의 세월에 힘을 얻어 살아간다고 한다. 그런데 돌이킬 수 없는 엄청난 실수를 한 지금에 와서 지난날을 되새긴다는 것이 가슴 아프기만 하다.

어릴 적 할머니께서는 나를 누구보다 예뻐하셨다. 나의 손을 잡고 동네며 절에 다니면서 하나뿐인 내 외손자라고 하시며 뿌듯해하는 미소를 많이 보곤 했다. 절에 가면 할머니께 내색은 하지 않았지만 절 입구에 그려진 사천왕 그림이 왜 그리 무서웠던지 입구의 문을 들어설 때면 할머니 손을 꼭 잡고 눈을 질끈 감고 지나가곤 했던 기억이 떠오른다.

좁은 철창 사이로 보이는 하늘은 여전히 내가 지은 죄만큼 높고 눈이 부시다. 오늘도 나는 되돌이표 같은 반복된 삶을 살고 있다. 끝없이 밑바닥까지 추락하고 나니 예전 평범했던 일상들이 얼마나 행복한 시간들이었는지를 다시 한 번 깨닫고, 내가 꿈꿔 왔던 것들이 행복이 아닌 욕심이었다는 것을 이렇게 수의 옷을 입고 영어의 몸이 되고 나서야 깨달았다. 세상 밖에서 자주 불러 주던 이름 석 자 대신 번호로 불리는 수인의 신세가 된 지 어느덧 8년이 다 되어 간다.

행복한 나날 속에 한순간 어긋나 버린 삶

나는 인천에서 1남 3녀 중 셋째로 태어났다. 아버지는 매일 술에 의존하면서 어머니·누나·여동생에게까지 폭력을 일삼았다. 아버지께서 술을 드시고 집에 들어오시는 날에는 두 누나와 동생과 함께 아버지가 주무실 때까지 추운 겨울날 밖에서 떨어야 했던 나날도 많았다. 매일 힘들어하시는 어머니를 볼 때마다 아버지가 원망스럽고 미웠다. 어머니는 날달걀로 멍든 눈을 비비는 일이 다반사였고, 그때 처음 알았다. 눈 비빈 달걀 속이 까맣다는 것을……
나의 어릴 적 꿈은 남들처럼 대통령이나 판사, 의사가 아닌 평범함 가장이 되어 화목한 가정을 이루는 것이었다. 나는 작은누나 권유로 고등학교 시절에 개척교회에 다녔다. 고등부 회장까지 지냈으며 주말과 휴일에는 청년부와 역전 광장에서 기타를 매고 전도 찬양을 나가는 일도 서슴지 않았다. 작은누나는 누구보다 믿음이 강해 매일 새벽 기도도 빠짐없이 다녔다. 그러던 중 교회에서 있을 수 없는 사고가 발생하였는데, 작은누나가 그 일로 가출을 하였고 많이 괴로워하던 나는 수원 병무청을 찾아 가장 빨리 갈 수 있는 군대를 자원했다.

그리하여 1993년 4월 7일에 해군 부산관으로 군 입대를 하여 직업 군인으로서 씩씩한 삶을 살았고, 군 생활 중 사랑하는 사람을 만나 결혼하여 두 아들을 얻게 되었으며, 물에 빠져 허우적거리는 생명을 두 차례에 걸쳐 살린 공로로 지휘관 표창장을 받는 등 나의 삶은 평범한 일상에서 하루하루가 감사하고 보람되며 행복한 나날이었다.

그러던 중 2003년 5월 31일 10년 군대 생활에 종지부를 찍고 제대했다. 군 생활을 마치고 전역하여 전 재산인 퇴직금과 적금, 융자로 충남 예산에서 처가 식구들과 함께 약 14만 제곱미터에 이르는 사과 농장을 인수하여 부푼 꿈을 안고서 이른 새벽부터 늦은 밤까지 열심을 다해 일하면서도 단 한 번도 힘들다는 생각을 품지 않았다. 사랑하는 가족과 더불어 누릴 행복한 내일을 소망하였기에 내 얼굴엔 미소가 떠나질 않았다.

어쩌면 이때부터 나의 삶은 어긋나기 시작했는지 모르겠다. 결실을 앞둔 시점에서 사과 농사를 시작한 그해에 불어닥친 태풍 '매미'의 영향으로 약 14만 제곱미터의 농장이 한순간에 도미노처럼 초토화되어 말 그대로 망해 버렸다. 사회생활 경험이 전무했던 나는 눈앞이 깜깜했고, 그저 막막하기만 했다. 그러나 언제까지 주저앉아 있을 수도 없었다. 정신을 차리고 일일 노동일과 마을버스 기사, 택시 운전까지 돈 되는 일이라면 궂은일도 마다하지 않고 닥치는 대로 일을 하며 지내다 친구의 소개로 서울 중식당 요릿집에 취직을 하게 되었다.

누구보다 일찍 출근하고 늦게 퇴근하면서 기술을 배웠고, 집에 와서도 시장에서 주워 온 배추 이파리와 양파로 칼질 연습을 하곤 했다. 정말 열심히 배웠다. 그 후 중식당을 거쳐 백화점 주방에서 쌓은 경험을 바탕으로 개인 중식당과 선술집을 운영하게 되었다. 가게는 그런대로 잘되었고, 그간의 모든 고생이 한 번에 보상 받는 듯했다. 노력한 만큼 주어진 세상에 감사하기도 했다.

호사다마라 했던가. 나는 아버지와 다툼과 불화로 인해 돌이킬 수 없는 죄를 짓게 돼 2012년 7월 19일 전주교도소에 구속되었다. 이후의 삶은 정말 지옥과도 같았다. 나의 정신은 온전하지 못했으며, 이러한 생활이 거듭되면서 차츰 망가지게 되었다. 나는 삶의 의미와 희망을 전혀 가지지 못했다. 그저 하루하루가 죽지 못해서 사는 것 그 자체였다. 씻을 수 없는 죽을죄를 지었음에도 불구하고 이렇게 살아가는 것이, 또는 살아가려고 하는 나의 모습이 염치가 없게 느껴졌다. 그저 기회만 있으면 죽음으로써 내가 지은 천륜의 죗값을 대신하려는 마음뿐이었다.

그야말로 자포자기하는 마음으로 재판 기간을 보냈다. 내가 저지른 끔찍한 죄악으로 스스로 나 자신을 도저히 용서할 수 없어

발길 닿는 그곳에서 부처님을 친견하리

법정에서도 침묵으로 일관하며 어떠한 처벌이든 개의치 않고 받아들이려는 마음뿐이었다. 그러면서 마음은 더욱 암담하고 살아간다는 자체가 무의미함을 느끼며, 더 이상 나에게 희망이 없다고 단정했다. 극도의 불안감과 공황, 자살 충동 그리고 불면증으로 인해 매일 밤이 무서웠다. 정확히 말하면 다음 날 아침이 오는 것이 무서웠다. 매일매일이 지옥이었기 때문이다. 호시탐탐 그저 이 세상 삶을 끝내고 싶은 마음밖에 없었다.

인생 최고의 날은 아직 살지 않은 날

그러던 어느 날 어머니께서 초췌하신 모습으로 접견을 오셨다. 내가 나쁜 마음을 먹고 있는 것을 알고 오신 것처럼 눈물을 흘리시며 "진호야!" 하고 나의 이름을 부르시며 "절대 나쁜 마음 묵으면 안 된다. 지난 것은 두 번 다시 돌이킬 수 없으니 앞으로의 일만 생각하고 마음을 다잡는 것이 남은 가족들을 위한 길이다"라고 하시는데 하염없는 눈물이 터져 나와 통곡을 하였다. 차마 죄송하다는 말도, 또한 용서조차 구할 수 없는 처지의 내가 너무도 원망스러웠다.

어머니께서는 사건의 충격으로 쓰러져 갑상선암 진단을 받고 수술 후 4개월 16일 만에 접견을 오셨다. 그때 접견 시간 동안 들었던 어머님의 몇 마디 말씀과 우시던 모습은 지금도 기억에 생생하게 남아 있다. 그렇게 4개월 22일 만에 1심, 2심 모든 재판이 끝났다. 어머니께서는 죽을죄를 지은 이 못난 자식을 직접 보기 위해 인천에서 전주교도소 근처로 이사를 하셨다. 지금 어머님 나이쯤이면 자식의 봉양을 받으며 편안한 삶을 누리셔야 하는데 오히려 못난 아들 옥바라지로 고생을 하시니 그 죄를 어떻게 다 씻어야 할지 모르겠다. 평생 약을 복용하며 지내셔야 하는 어머님을 생각하면 절로 고개가 숙여지고 가슴이 미어진다.

후에 상고 재판으로 인해 전주교도소에서 군산교도소로 이송을 가게 되었다. 그런데 대법원의 상고 판결 기각으로 최종 22년 형량으로 확정되어 이송이 결정되었는데, 어머님이 계시는 전주교도소가 아닌 광주교도소로 이송을 가게 되었다. 2년여 만에 어머님의 간절한 탄원과 기도가 전해졌는지 광주 지방청에서 어머님의 헌신적인 사랑과 애달픈 모정을 받아주시어 다시 전주교도소로 이송돼 어머님을 자주 뵙고 지낼 수 있으니 감사할 따름이다.

어느 날 어머님을 생각하며 언제까지 인생의 패배자처럼 그냥 있을 수 없음을 나는 느꼈다. 그러면서 지금껏 가져 보지 못한 신앙에 대한 관심이 생겼다. 우연히 불교 법회를 처음 참석하게 되었는데 그날 스님의 설법이 나의 마음을 잔잔히 울리고, 온화한 말씀과 넉넉한 미소로 전해 주신 주옥같은 법문에 눈물이 왈칵 쏟아졌다. 가슴 깊숙이 억누르고 있는 고뇌의 무게가 조금씩 녹는 듯싶어 스님의 말씀 한마디 한마디에 나를 내려놓고 동화돼 갔다. 난생처음 경험해 보는 신기하고 놀라운 일이었다.

발길 닿는 그곳에서 부처님을 친견하리

그렇게 해서 지푸라기라도 붙잡고 싶어 하던 나는 자연스레 불교 법회에 참석하게 되었고, 지금은 부처님 전에 귀의하여 불교 신앙으로 지낸 지 거의 6년여의 시간이 흘러 오늘에 이르게 되었다. 아직도 미흡하고 부족함이 많은 허물투성이지만 하루의 삶을 감사히 지내고자 노력 중이다.

불교방 생활을 하게 되었을 때 생소한 불교 생활에 어리둥절하기도 했다. 절하는 법(오체투지)과 목탁 치는 법(일자목탁, 내림목탁, 정근목탁 등)을 배우고 시간 날 때마다 불교 서적과 경전을 끼고 살았다. 매일 새벽에 일어나 방 중앙에 모셔진 관세음보살님 상에 감로수를 올리며 108배와 명상을 하면서 기도할 줄 모르는 나는 그동안 '잘못 살았습니다' '잘못했습니다' '참회합니다'라는 말을 계속 반복하면서 업장 소멸과 참회 기도를 올렸다. 그동안 느끼지 못했던 뭉클함은 108배를 할 때마다 가슴으로 다가왔고, 아버지의 명복을 빌며 가족들의 무사안일을 위해 하루도 빠짐없이 기원 드렸다.

매달 대법회 불교 행사가 이루어지는데 '발원문 낭독' '골든벨 교리퀴즈대회' '서간문 낭독' 'O·X 교리퀴즈대회' '불교반 노래자랑'까지 다양한 행사를 한다. 나는 봉사대에서 프로젝트 담당을 맡고 있으며, 고유의 명절인 추석, 설에도 불교 봉사대에서 제사(차례)를 차리고 진행을 한다. 불교반에서 봉사하며 지내는 이 시간들이 얼마나 자랑스럽고, 자부심을 느끼는지 모른다. 불교방에서 3년 8개월 정도 지내다 불교에 관한 그림과 글씨를 써보고 싶은 마음에 2년 전 서예반에 신청을 하여, 직원 분의 도움과 배려로 불교방에서 서예방으로 옮기게 되었다. 서예반에 입문하여 조금씩 틀이 잡히고 발전해 가는 모습에 보람을 느낀다.

현재는 하루도 빠짐없이 《반야심경》을 묵독경하고 참회진언, 광명진언, 《반야심경》, 《천수경》을 사경하면서 마음의 강박함, 욕심, 미움, 시기 등을 버리려 노력하고 있다. 지금도 서예방 사람들에게 양해를 구하고 이른 아침에 참회 기도를 매일 올린다. 가을 즈음에 교정 작품 전시가 있는데 붓글씨로 '마음을 다스리는 글'과 《잡보장경》을 적어 출품해 보고자 부단히 노력하고 있다. 한자 한 자 정성을 다해 써 내려가는 필체를 보면 반듯하고 곧은 선이 되고 때론 굽어지고, 또는 원이 되기도 하는 글씨들이 곧 내 모습, 성향과도 같다는 생각을 하게 된다. 나에게 주어진 소중한 기회를 통해 매일매일을 수행의 마음으로 법문들을 쓰면서 내 속에 남아 있는 번뇌들을 하나씩 씻어내고자 한다.

어느 정도 실력이 향상되면 '전북서도 대전'에, 더 나아가 '대한민국 서예대전'에도 도전해 볼 생각이다. 내가 불교에 귀의하여 얻은 많은 것 중 하나가 '깨달음'이다. 지금은 불서를 읽고 더없이 평안한 마음으로 덕을 쌓으며 봉사하며 자족할 수 있는 마음들이 바로 결과물이 아닌가 싶다.

불교의 말씀 중에 '일체유심조(一切唯心造)'라는 말이 있다. 모든 것이 오직 마음에서 생겨난다는 것인데 살아 보니 진짜 그러함을 느낀다. 내가 마음을 어떻게 먹느냐에 따라서 내가 사는 이곳이

발길 닿는 그곳에서 부처님을 친견하리

극락이 되거나 지옥이 된다는 것이다. 이곳에서 모든 죗값을 치를 수는 없지만 더 나은 사람이 되기 위해, 더 나은 삶을 살기 위해 노력하는 마음으로 살아가고자 한다.

'인생 최고의 날은 아직 살지 않은 날'이라고 했다. 진흙 속에서 피는 연꽃처럼 자신을 수양하는 마음으로 하루도 허투루 살지 않을 것이다. 카이스트 재학 중 출가하신 도연 스님의 저서 《누구나 한 번은 출가한다》에서도 "믿는 대로 이루어진다"라고 말씀하고 계신데, 나 역시 긍정과 희망의 에너지를 가지고 수용 생활을 소중한 경험으로 삼아 더 강한 나를 만들겠다고 다짐해 본다.

끝으로 나의 소박하고 간절한 바람이 있다면 어머니의 건강과 평안 그리고 가족들 모두의 삶 속에 부처님의 가피가 깃들어 늘 무사안일하고 작은 행복 속에 기뻐하는 삶이길 소원하는 것이다. 나 스스로에게는 지난 과오에 대한 업보로 인해 자책과 절망에 의한 후회막급함을 더 이상 후회스러움에 머물러 있지 않도록 하고 부처님의 가르침과 훈육을 통해 참회함으로써 새로운 날들을 위한 발전과 향상의 시간이 되도록 힘써 노력하며 불심을 가득 채워 더 많은 이웃 사랑과 봉사로써 나의 업보를 조금씩 씻어내어 성장해 가는 불자의 삶을 살아가길 바란다.

나보다 못한 소외된 사람을 위해 봉사하면서 사는 것이 나의 소망이다. 지금 내겐 아직 희망이 있기에 좋다. 오늘도 나의 신념과 깨달음이 흔들리지 않도록 올곧은 마음으로 정진하며 봉사와 자비의 길을 걸어가련다.

살아 있는 존재는 다 행복하라.

마치 어머니가 외아들을 사랑하는 것처럼

살아 있는 모든 것에 무한한 자비심을 가져라.

_《수타니파타》사품 149

불법의 향기로 가득한 숲이 되는 날까지

반야지 김영화

거룩하신 부처님께 귀의합니다.
거룩하신 가르침에 귀의합니다.
거룩하신 스님들께 귀의합니다.

삼계의 스승이시며 자비로 세상에 오신 부처님.
중생의 고뇌를 씻어 주고자 팔만사천의 가르침을 법비로 내려
주신 부처님.
모든 생명의 존귀함을 처음으로 설하시고, 사람 사이에는 높고
낮음이 없음을 보여 주신 부처님.
부처님께서는 우주 법계에서 가장 지고하신 진리의 연꽃으로
피어나셨습니다.

언제 어디서나 우리 곁에 계신 부처님.

여기 불제자 부처님 전에 지성으로 참회하오니 가엾게 여기시어 자비의 손길로 어루만져 주옵소서.

나를 미워하고 가족을 원망하고 이웃을 질투하며 살아왔음을 참회합니다.

가장 가까운 도반인 가족들의 마음을 가장 아프게 했습니다.

다른 집 자식들과 비교하며 두 아들을 닦달했습니다. 내 머리 위에 부은 물은 내 발등에 떨어짐이 당연하듯 모든 것이 나로 말미암았음을 너무 늦게 깨달았습니다.

내 생각만이 바르다고 우기며 남편을 비난하였습니다. 번듯한 직장이 아니라는 이유로 무시하였습니다.

도반들의 삶에서 부처님을 향한 진실한 믿음을 배울 생각은 아니하고 그들의 부유한 가정과 잘난 자식들을 부러워했습니다. 그런 가운데 그들의 삶에 미치지 못한 나를 스스로 옭아매었습니다.

이웃에게는 조그마한 도움을 주면서도 생색을 내었습니다. 부처님 법을 머리로는 기억하였으되 행하는 데 소홀했습니다.

부처님 전에 올릴 공양물을 두고 망설인 적도 많았습니다. 참나를 찾을 생각은 하지 않고 오직 부와 명예를 탐하며 살았습니다.

부처님, 이 모든 잘못을 참회합니다.

이제 참된 불제자로 다시 태어나고자 간절한 마음으로 발원합니다.

남편을 미워하는 마음이 생길 때마다 그의 암 수술만 무사히 해

발길 닿는 그곳에서 부처님을 친견하리

달라고 매달리며 기도하던 그때의 마음으로 돌아가게 하소서.

어미의 기도를 잊지 않고 군 법당에서 수계를 받고 전역한 아들의 대견함을 기억하게 하소서.

땀 흘려 일하는 것이 일상의 수행임을 알게 하시고 하는 일마다 지혜의 눈을 밝혀 나와 남을 위한 불사 되게 하소서.

경전 있는 곳이 부처님 계신 곳임을 깨달아 날마다 불법을 배우는 일에 게으름이 없게 하시고 고난에 맞닥뜨리더라도 부처님을 멀리하는 어리석음에 매몰되지 않게 하소서.

사람을 대할 때는 무재칠시의 도리를 먼저 생각하게 하시고 가진 사람을 질투하기보다는 어려운 이웃에게 작은 것이라도 나누는 보살도를 행하게 하소서.

부처님, 이 모든 발원을 이루어 주소서.

겨자씨처럼 작은 발원의 씨앗을 날마다 키워 참된 불제자 되기를 서원합니다.

관세음보살님 천수천안의 가르침을 받들어 마침내는 관세음보살님의 서원과 하나 되고자 합니다.

머무는 곳마다 부처님 계신 곳임을 잊지 않겠습니다.

믿음으로 뿌리를 삼으며 정진으로 줄기를 세우고, 부처님 가르침을 일상에서 행함으로써 잎이 무성한 나무가 되고자 합니다. 그리하여 옹골찬 열매로 부처님 법을 증거하는 불제자 되겠습니다. 온 세상이 불법의 향기로 가득한 숲이 되는 날까지 성불의 길을 향해 나아가겠습니다. 부처님 이 모든 시간에 함께하여 주옵소서.
나무 석가모니불 나무 석가모니불 나무 시아본사 석가모니불.

발길 닿는 그곳에서 부처님을 친견하리

우수상

보살의 길

보적 오용석

시방세계에 계시는 모든 부처님과 보살님 그리고 모든 중생의 청정한 본성에 지극한 마음으로 귀의합니다.

번뇌와 욕망의 세계에 태어나 나와 남에 집착하고, 물질과 정신에 집착해 한량없는 유전을 해 오면서 겨우 불법을 만나게 되었습니다. 그러나 불법이 가진 광대한 마음의 안식, 다른 존재들을 청정하게 하는 자비, 있는 그대로 세상을 볼 수 있는 지혜의 마음을 매 순간 자각하지 못하며 살고 있습니다. 육도에 윤회하는 어리석은 중생이 되어 괴로움 속에서 마음의 눈을 뜨지 못하고 있습니다. 이에 지극한 마음으로 청정한 마음을 일으켜 참회하고 또 참회하면서 발원을 세웁니다.

첫째, 모든 생명을 살리는 삶을 살겠습니다. 다른 사람이 주지 않는 것을 갖지 않고, 성적인 집착에서 벗어나고, 거짓말을 하지

발길 닿는 그곳에서 부처님을 친견하리

않고, 정신을 흐리게 하는 모든 것을 멀리하며 청정한 도덕성을 기르겠습니다.

둘째, 고요한 마음을 계발하겠습니다. 모든 감각기관의 욕망과 어리석음을 잠재우는 고요한 마음으로 코끼리처럼 흔들리지 않는 용맹과 정진력을 잃지 않겠습니다.

셋째, 세상을 있는 그대로 마주하는 지혜를 밝히겠습니다. 참다운 불법의 지혜야말로 삶의 모든 문제를 있는 그대로 보게 하며, 괴로움에서 벗어나게 합니다. 일어나고 사라지는 모든 현상이 실체가 없음을 깊이 사유하고 통찰하여 연기법을 깨닫겠습니다.

넷째, 모든 중생을 평등하게 사랑하는 자비의 마음을 잃지 않겠습니다. 자비야말로 지혜의 극치이며 불법의 완성임을 잊지 않고 매 순간 모든 존재들을 사랑하고 존중하면서 행복의 길에 함께 동참하겠습니다.

다섯째, 보살의 길을 삶의 궁극적인 과정으로 삼겠습니다. 보살의 길은 지혜와 자비로 다른 사람들을 위해 직접 몸과 마음으로 실천하는 행위입니다. 삶의 모든 방향을 내가 아닌 다른 사람들을 돕고 그들의 발원을 이루게 하는 데 정진하겠습니다.

여섯째, 모든 사람들이 행복하고 저 또한 행복한 삶을 살겠습니다. 불법의 목표는 괴로움의 종식에 있다는 것을 매 순간 자각하면서 행복하게 살아가겠습니다.

일곱째, 비우고 내려놓는 삶을 살아가겠습니다. 마음을 비우는 과정을 통해 청정한 마음의 본성을 기억하고, 내려놓는 삶을 통해 집착하지 않는 마음을 가꾸어 나아가겠습니다.

여덟째, 매 순간 마음의 본성을 깨닫는 자각의 삶을 살겠습니다. 우리의 몸과 마음이 실체가 없다는 것을 삶의 과정을 통해서 배우고, 삶 속에서 단련하고, 삶을 불법 실현의 현장으로 만들어 나가겠습니다.

아홉째, 보시하는 삶을 살겠습니다. 따뜻하고 친절한 말을 보시하고, 청빈의 삶을 통해 남은 재화를 나누고, 다른 사람들의 불안하고 두려워하는 마음을 수용하고, 불법을 나누는 삶을 통해 보시의 삶을 실천하겠습니다.

열째, 창조적인 삶을 살아가겠습니다. 모든 고정관념과 그릇된 가치에서 해방되고, 다른 사람들을 억압하거나 해를 끼치는 어리석음에서 벗어나 매 순간 삶의 현장에서 새로운 가치와 의미를 발견하겠습니다. 열린 관점과 지혜를 통해 새로운 통찰을 삶 속에서

발길 닿는 그곳에서 부처님을 친견하리

실현하는 창조적인 삶을 살아가겠습니다.

　시방세계에 계시는 모든 부처님과 보살님, 그리고 모든 중생의 청정한 본성에 위와 같은 서원으로 원력을 잃지 않고 매 순간 정진하기를 발원합니다. 중생의 삶이란 연기법의 지혜와 친절한 자비가 없으면 괴로움의 악순환에서 벗어날 기약이 없으므로 늘 인욕하고 정진해 나갈 것을 발원합니다. 그리하여 우리가 만나는 모든 인연들이 행복해지고, 밝고 명료한 지혜와 따뜻한 자비의 마음으로 보살의 길을 걸어가기를 발원합니다. 모든 존재들이 괴로움에서 벗어나는 순간까지 한 존재도 소외되지 않도록 함께 손을 잡고 걸어가는 보살의 길을 발원합니다. 부처님과 부처님의 법과 승가에 귀의하여 영원한 깨달음을 모두 이루어 나가기를 발원합니다.

바라밀상

부처님의 꽃에 잎이 되어

소연지 김상아

꽃 빛이 햇살 따라 흔들리는 따스한 봄날

하얗게 서리 내린 땅에 밝은 빛으로 탄생하신 부처님

시린 가슴 부여안고 겨울옷을 벗지 못한 저희 중생 모두 부처님의 큰 탄생에 환희합니다.

부처님께서 자비한 모습으로 저희를 바라봐 주시니 온 산하의 가지마다 연둣빛 재롱 잔치 열립니다.

그러하신 부처님을 사랑합니다.

부처님의 꽃에 잎이 되어 아름다운 봄날 만들어 가고 싶습니다.

지금까지 나를 위함으로 행복을 사랑했습니다.

지금까지 저는 과거에 집착된 단점과 부정적인 망상으로 하루를 보내고 무지개 행복을 바라보기만 했습니다.

겨우내 가물어 지쳐 가던 실개천에 소낙비처럼 부처님은 저에게 그러했습니다.

목마른 작은 골에 연둣빛 싹이 돋아나는 듯합니다.

앞으로 저는 부처님의 작은 분신으로 부처님의 마음을 닮아 가려 하고 부처님의 행을 닮아 가겠습니다.

내 자신의 무한한 부처의 성품을 보며 모든 이들의 영혼에 보탬이 되는 시간을 소비하겠습니다.

부처님과 닮은 저 자신을 더 사랑하는 사람이 될 것입니다.

수줍고 부푼 소녀의 가슴에 부처님께서는 자비로운 마음으로 가호하여 주시옵소서.

살아온 짧은 시간이나마 항상 곁에 머무시는 부처님이시여!

어느 햇살 고운 봄날 가슴에 새겨진 미소 나비의 설렘으로 떨립니다.

부처님의 미묘한 입술에서도 소녀의 가슴은 봄의 희망을 그려 봅니다.

부처님의 부드러운 눈빛은 소녀의 가슴에 꽃향기를 품게 합니다.

부처님의 큰 모습에서 용기의 돛을 달아 봅니다.

제가 지금 여기 숨 쉬고 있는 오늘과 어제 그리고 내일,

삶이 힘겨운 순간에서도 부처님의 지극한 사랑을 노래하겠습니다.

발길 닿는 그곳에서 부처님을 친견하리

오늘 이 발원으로 가슴에 젖어든 저미는 그리움조차 행복이 되었습니다.

저의 모든 사랑이신 부처님, 사랑합니다.

저의 영원한 동반자이신 부처님, 사랑합니다.

저의 최고의 행복을 주신 스승 부처님, 사랑합니다.

나무석가모니불, 나무석가모니불.

나무 시아본사 석가모니불.

바라밀상

자연의 이치대로

진여심 임은숙

거룩하고 자비하신 부처님!

저희들은 지난 세월 동안 대자연의 신비와 섭리를 다 알지 못하여, 알게 모르게 지었던 악업들이 많습니다. 전 세계를 덮친 코로나19로 인하여 많은 중생이 고통과 피해 속에서 시름과 한스러움이 깊어지고 있습니다. 사람은 자연의 일부이며, 자연의 이치대로 살아야 한다는 것을 머리로는 알지만, 행동은 다르게 하고 있습니다. 저희 중생들이 자연의 일부임을 망각한 채 오만하고 어리석어 잘못 저지른 일들을 마음 깊이 참회하오니, 바른 길로 안내하시고 누구나 보듬어 안고 이끌어 감싸 주시는 부처님, 불보살님 저희 중생들이 신심을 가지고 착하게 살 수 있도록 보살펴 주시고 살펴 주시옵소서.

나와 남을 구별하는 자신만의 안위와 애착심과 두려움에서 벗어나 부처님의 가르침대로 베풂과 인정을 나눌 수 있는 어진 마음의 불자로 성장할 수 있도록 정진하겠습니다. 자연이 주는 것을 감사하게 생각하고 이기심과 욕심에서 벗어나 자연과 함께 살아갈 수 있도록 노력하겠습니다.

아프고 힘들 때 부처님의 맑은 얼굴 떠올리게 하시고 인자하신 덕의 미소를 따라 짓게 하소서. 우리는 모두 불완전한 중생이기에 끊임없이 부처님의 가피와 사랑을 갈구하고 욕망합니다. 부처님 저희 중생들이 주변을 돌아보게 하여 서로 어깨 한번 토닥이고, 손잡아 주어 괜찮을 거야 하며 위로를 건넬 수 있는 용기와 기쁨을 주소서.

다른 이의 춥고 배고픔을 알아 사정을 들어주고 손을 잡아 줄 수 있는 현명하고 지혜로운 불자가 되게 하소서.

저의 이 발원이 보석이고 보물임을 알며, 마음을 비워 기도하여 욕심을 내리고 바르게 살겠습니다. 항상 가엾고 불쌍한 저희 중생들의 마음을 감싸 주시는 자애로운 부처님, 꽃같이 어여쁘게 살아서 끊임없이 부처님과 부처님의 지혜를 칭송하고 정성을 다해 이 본래 마음 바치오니 대자비로 이 정성 받아 주소서.

우리 모두가 고통스럽고 힘겨워했던 코로나19가 속히 종식되고 두 번 다시 오지 않기를 부처님께 기원합니다. 모든 중생과 사부대중이 자연을 보전하고 건강하게 만들어 즐겁고 행복하며 기쁨으로 충만할 수 있기를 부처님께 간절히 기원합니다. 이 마음 대자비로 받으소서.

저희 가슴속에 간절함이 종자가 됨을 믿으며, 끊임없이 부처님

발길 닿는 그곳에서 부처님을 친견하리

과 부처님의 지혜를 염원하며 정성을 다하오니, 이 모든 것이 복이 되어 스스로 이루어지게 하소서.

모든 중생이 스스로 행복하고 기쁨으로 충만하여 마음을 움직일 수 있도록 가피 내려 주시옵소서.

나무 석가모니불.

나무 석가모니불.

나무 시아본사 석가모니불.

바라밀상

불국정토에 다가가는 지름길

공덕성 김연주

불기 2564년 무술생 공덕성은 부처님께 귀의하며 발원문을 올립니다.

거룩하고 대자대비심으로 중생을 구원하며, 수많은 중생에게 해탈의 길을 열어 주신 부처님!

삼계의 도사이자 자애로운 우리들의 어버이이신 석가모니 부처님!

부처님의 따뜻하고 한량없는 사랑, 자애로운 광명은 청아한 마음가짐을 가질 수 있게 합니다.

이 공덕성은 부처님을 찬탄하는 한 불자이자 한 가정의 아내이자 세 자식의 어미입니다.

불교에 귀의하는 중생들과 합창단장으로서 음성 공양을 하며, 소신껏 이들을 이끌기도 합니다.

오늘날까지 공덕성은 부처님의 자애로운 사랑을 입으면서도 대

립과 반목을 종종 해 왔습니다.

처사와 제 세 자식에게는 속세의 고통을 받지 않길 바라는 마음에서 조언했다지만, 이들에게는 몸과 마음이 지치고 가끔은 분노와 강요로 들렸을 것입니다.

이 공덕성은 지혜와 복덕으로써 이들의 마음을 치유해 주고자 합니다.

만물은 호사다마를 거치면서 요동치기 마련입니다. 그 과정상에서 공덕성은 도움이 되고자 했던 행동들이 바람직하지 못했던 경우가 있다고 생각합니다. 이에 더욱 부처님께 귀의하고, 참회하고자 합니다. 처사에게는 앞으로의 건강과 만수무강을 위해 보필하고, 세 자식에게는 삶을 살아가는 데 있어서 지혜로운 선택을, 갈망이 있어도 자제할 줄 아는 생명체로서, 모든 중생과 아름답게 어울릴 수 있는 그런 인간이 될 수 있도록 가르침을 주고 돕고자 합니다.

이 공덕성은 처사의 건강과 제 스스로의 안녕을 바라오며, 그리고 막냇자식의 사회 진출을 염원하고 있습니다. 세상은 호사의 경우도 있지만, 무명과 미혹, 탐욕과 그르침이 만개합니다.

이러한 속세에서 제 자식이 하염없이 능력을 힘껏 발휘하며, 그가 원하는 참된 일터에서, 그간 닦아 온 법학적 소양을 쉼 없이 펼치며 성장하길 바라옵니다. 또한 그릇된 생각은 버리며, 남을 위해 헌신하고 나보다 타인을 우선할 수 있는 성숙한 존재가 되도록 이끌고자 합니다.

발길 닿는 그곳에서 부처님을 친견하리

또한 낙오가 있다 한들 칠전팔기의 정신으로 딛고 일어설 수 있는 강인한 중생이 될 수 있도록 가르치고자 합니다. 이에 부처님의 힘을 빌려 발전할 수 있는 중생이 되도록 보살펴 주십시오.

자비하신 부처님! 현재 우리의 문명은 찌든 때도 묻어 있지만, 한편으로는 따뜻한 세상이라고 느껴지곤 합니다. 이 공덕성은 불교에 귀의하여 타인과 융화되는 삶을 살아왔고, 그 과정에서 선악의 갈림길에 서 보기도 했습니다. 하지만 불경의 깨달음과 부처님의 자애로운 가르침에 선한 영향력으로써 이겨내곤 했습니다. 이러한 굳건한 신념은 타인에게 긍정적인 영향력을 행사해 왔다고 생각하오며, 불국정토에 가까이 다가가는 지름길이라고 생각합니다.

진흙이 묻어도 마르면 금세 떨어지는 연꽃처럼, 모진 바람에도 흔들리지 않는 물결처럼, 지극하고 건실한 마음으로 부처님께 귀의합니다.

공덕성은 부처님께서 대자비한 광명을 한없이 내려주시길 바라오며, 크나큰 원력으로써 사바세계 중생들의 화합과 사랑이 끊임없길 바라오며, 참된 불심으로 본 서원을 간절히 발원하옵니다.

나무 석가모니불!
나무 석가모니불!
나무 시아본사 석가모니불!

바라밀상

지혜의 샘물이
연꽃의 향기처럼

금원 최대욱

온 세상 밝게 비추어 한량없는 자비로 삼계 중생들의 마음을 맑고 향기롭도록 인도하시는 부처님.

저희들의 지난 영겁의 세월, 무명으로 알게 모르게 지은 탐내고 성내고 어리석었던 죄업 진실로 사죄하고 참회하며 부처님의 크나크신 서원을 받들고자 간절히 발원 드리오니 크고 거룩하신 지혜의 자비에 미묘한 법을 열어 저희들의 마음속 번뇌를 모두 소멸하여 주셔서 마침내 위없는 깨달음에 이르는 길을 밝혀 주옵소서.

오늘 이곳에 부처님의 말씀을 수지독송하는 저희 모든 법우들의 원력과 지혜가 크게 빛나서 하고자 하는 모든 일들이 마음먹고 뜻한 바대로 막힘없고 순조롭게 이루어질 수 있도록 부처님의 가회와 가피의 보살핌 속에 이루어지게 하여 주옵소서.

그리하여 원망과 후회로 싸여 있는 이곳 어두운 사바세계에 부처님의 자비와 광명이 솟아나도록 가피를 내려 주셔서 거친 비바람이 몰아치고 나면 더욱 맑아지고 단단해지는 자연의 섭리처럼 지금의 이 시련과 고통이 저희를 더욱 단단하고 강하게 단련하여 사바세계에 어둠을 밝히는 등불이 될 수 있게 하여 진정한 참회를 할 수 있는 계기로 인도하여 주옵소서.

그리하여 저희들의 지난 고통과 역경의 가슴 아픈 시간들이 부처님과의 인연공덕으로 모두 소멸되게 하여 주셔서 저희들이 나아감의 앞날에 증오와 갈등이 있는 곳에 사랑과 용서를, 어둠과 무지에는 지혜의 광명을 밝혀 주시고 번뇌의 어두운 곳에 반야의 샘이 솟아나도록 하여 그 어떤 고난과 역경이 다가와도 결코 좌절하지 않고 세상 한가운데로 무소의 뿔처럼 두려움 없이 나아가 이웃에 힘이 되고 향기가 되는 삶을 살도록 허락하여 주셔서 저희들이 만나는 모든 중생들을 미소로 바라볼 수 있게 하여 주옵시고 저희들의 언어에 향기가 있게 하시고 행동에 겸손이 있게 하시며 저희들의 가치관으로 남을 판단하지 않게 하여 주시고 작은 것들을 소중히 여기는 마음을 주옵소서.

저희들 마음 깊은 곳에 모든 중생들을 향한 이해와 따뜻한 동정의 마음을 주셔서 어느 누구도 미워하거나 노여워하지 않게 하시고 받으려 하기보다는 언제나 주고자 하는 마음으로 받은 것은 기억하고 준 것은 곧 잊어버릴 수 있도록 하여 주옵소서.

또한 외로운 이에게 친구가 되게 하시고 희망을 잃은 이에게 희망을 갖게 하시며 사랑이 필요한 이에게 사랑을 줄 수 있게 하여 주옵소서.

발길 닿는 그곳에서 부처님을 친견하러

오늘 이곳에 인연이 된 모든 중생들을 부처님의 자비와 광명으로 인도하여 주시어 대자대비하신 부처님의 커다란 가르침을 깨우칠 수 있도록 가피를 내려주셔서 저희들 자생의 영혼 깊은 곳에서 울려 나오는 지혜의 샘물이 연꽃의 향기처럼 은은하게 세상으로 가득 퍼져 나갈 수 있도록 하여 저희들 지난날의 허물과 부끄러움이 자랑과 긍지의 꽃을 피울 수 있는 삶을 살도록 허락하여 주옵소서.

　항상 저희들 곁에 계시는 부처님.

　이 땅에 오셔서 부처님이 계심이 "감사"합니다.

　부처님이 계심에 "힘이" 납니다.

　부처님이 계심에 "행복"합니다.

　삼계의 스승이신 거룩하신 부처님의 원력에 의지하여 간절히 발원하옵니다.

　나무 석가모니불. 나무 석가모니불. 나무 시아본사 석가모니불.

신행 수기 · 발원문 공모 안내

불자님들의 지극한 신심과 가피 이야기를 담은
신행 수기 · 발원문 공모는 해마다
부처님오신날을 앞두고 진행됩니다.

공모 기간
매년 1월 1일부터 4월 30일까지

공모 자격
조계종 신도증 소지한 불자님

공모 메일
sugi@beopbo.com

문의
법보신문 02)725-7014